Beuth Pocket

VOB/B

kurz & bündig

Jetzt diesen Titel zusätzlich als E-Book downloaden und 70 % sparen!

Als Käufer dieses Buchtitels haben Sie Anspruch auf ein besonderes Kombi-Angebot: Sie können den Titel zusätzlich zum Ihnen vorliegenden gedruckten Exemplar für nur 30 % des Normalpreises als E-Book beziehen.

Der BESONDERE VORTEIL: Im E-Book recherchieren Sie in Sekundenschnelle die gewünschten Themen und Textpassagen. Denn die E-Book-Variante ist mit einer komfortablen Volltextsuche ausgestattet!

Deshalb: Zögern Sie nicht. Laden Sie sich am besten gleich Ihre persönliche E-Book-Ausgabe dieses Titels herunter.

In 3 einfachen Schritten zum E-Book:

❶ Rufen Sie die Website **www.beuth.de/e-book** auf.

❷ Geben Sie hier Ihren persönlichen, nur einmal verwendbaren E-Book-Code ein:

21675AA66FBAD3D

❸ Klicken Sie das „Download-Feld“ an und gehen dann weiter zum Warenkorb. Führen Sie den normalen Bestellprozess aus.

Hinweis: Der E-Book-Code wurde individuell für Sie als Erwerber dieses Buches erzeugt und darf nicht an Dritte weitergegeben werden. Mit Zurückziehung dieses Buches wird auch der damit verbundene E-Book-Code für den Download ungültig.

Helmut Meyer-Abich

Beuth Pocket
VOB/B
kurz & bündig

1. Auflage 2013

Herausgeber:
DIN Deutsches Institut für Normung e. V.

Beuth Verlag GmbH · Berlin · Wien · Zürich

Herausgeber: DIN Deutsches Institut für Normung e. V.

© 2013 Beuth Verlag GmbH
Berlin · Wien · Zürich
Am DIN-Platz
Burggrafenstraße 6
10787 Berlin

Telefon: +49 30 2601-0
Telefax: +49 30 2601-1260
Internet: www.beuth.de
E-Mail: info@beuth.de

Satz: B & B Fachübersetzergesellschaft mbH, Berlin
Druck: PrintGroup, Szczecin
Gedruckt auf säurefreiem, alterungsbeständigem Papier nach DIN EN ISO 9706

ISBN 978-3-410-21675-9

Autorenporträt Prof. Dipl.-Ing. Helmut Meyer-Abich

Nach seinem Abschluss als Dipl.-Ing. des Bauingenieurwesens an der TU Stuttgart war der Autor über 10 Jahre in der Bauindustrie tätig. Nach dem Beginn der beruflichen Tätigkeit im technischen Büro einer Bauunternehmung in Oldenburg übernahm er Verantwortung bei der Abwicklung von Baumaßnahmen des Hoch-, Tief- und Ingenieurbaus vom Bauleiter bis zum Niederlassungsleiter, vorwiegend im Berliner Raum.

Er gründete 1993 ein Ingenieurbüro zur Projektsteuerung im Bauwesen und wurde 1998 für das Fachgebiet „Baubetrieb" als Sachverständiger von der IHK Oldenburg öffentlich bestellt und vereidigt. Überwiegend im gerichtlichen Auftrag erstellte er bisher über 500 Gutachten.

Im Jahr 1999 wurde er auf die Professur „Baumanagement" an der Technischen Hochschule Mittelhessen berufen zur Erlangung von Diplom-, Master- und Bachelorabschlüssen des Bauingenieurwesens und der Architektur.

In zahlreichen Seminaren an der Deutschen Richterakademie, in Vortragsreihen öffentlicher und privater Veranstalter und an Hochschulen vermittelt er Kenntnisse zur Kalkulation von Baupreisen und der Prüfung und Erstellung von Mehrkosten bei Bausachen.

Vorwort

Die Bauindustrie, das Baugewerbe mit allen Nebengewerken und die Baustoffhersteller stellen den größten Wirtschaftszweig in Deutschland dar. Zur Abwicklung der Baumaßnahmen des Hoch-, Tief- und Ingenieurbaus gibt es jedoch keine speziellen gesetzlichen Regelungen. Andere Branchen verfügen über diese Regelungen, wie z. B. das Versicherungsrecht, das Reiserecht oder das Straßenverkehrsrecht, und erleichtern damit den Umgang der jeweiligen Vertragspartner untereinander.

Die Baubranche bedient sich der VOB „Vergabe- und Vertragsordnung für Bauleistungen". Die VOB ist aber kein Gesetz und muss deshalb wirksam unter den Vertragsparteien vereinbart werden, wenn sie bei der Abwicklung der geplanten Baumaßnahme gelten soll.

Da die VOB/B bei fast allen Bauvorhaben zwischen diesen beiden Parteien vertraglich vereinbart wird, ist sie auch für beide Parteien maßgebend. Jeder, der hier nachschlägt, ist somit einer der beiden Parteien zuzuordnen. Entweder gehört er zur Auftraggeberseite, also in der Sprache der Juristen zur „Sphäre" des Bauherrn: dann ist er Architekt, Statiker oder Fachingenieur. Oder er gehört auf die Seite des Bauunternehmers, dann ist er z. B. Bauleiter einer Baufirma. Beide Seiten sollen das Bauvorhaben fristgerecht und kostenhaltend erstellen, haben aber grundsätzlich unterschiedliche Interessen. Der Bauherr will möglichst preiswert bauen, der Bauunternehmer will möglichst hoch abrechnen.

Diese kompakte Zusammenfassung soll helfen, die wichtigsten Reibungspunkte unter den Parteien schnell und grundlegend zu erfassen. Sie dient der ersten Einschätzung von Konflikten in der Bauabwicklung und kann den Weg zu einer schnellen Einigung ebnen.

Berlin, März 2013 Helmut Meyer-Abich

Inhalt

1 Grundsätzliches

Im deutschen Recht gibt es kein spezielles Baurecht, wie es z. B. das Versicherungsrecht oder das Verkehrsrecht für andere Bereiche gibt. Wenn zwischen dem Auftraggeber und dem Auftragnehmer eines Bauvorhabens keine gesonderten Vereinbarungen getroffen werden, gilt grundsätzlich das BGB (Bürgerliches Gesetzbuch). Hier sind aber keine speziellen Regelungen zur Abwicklung von Baumaßnahmen definiert. Aus diesem Grund wird in der überwiegenden Anzahl von Baumaßnahmen die VOB zwischen den Parteien vereinbart, da hier besondere Regelungen bei der Durchführung von Baumaßnahmen aufgeführt sind. Das BGB ist ein Gesetz und braucht nicht gesondert vereinbart zu werden. Die VOB ist jedoch kein Gesetz und wird nur wirksam, wenn sie rechtswirksam zwischen den Parteien im Zuge der Auftragserteilung vereinbart wird.

Die VOB besteht aus drei Teilen, den Teilen

- **A: Allgemeine Bestimmungen für die Vergabe von Bauleistungen**
- **B: Allgemeine Bestimmungen für die Ausführung von Bauleistungen**
- **C: Allgemeine Technische Vertragsbedingungen für Bauleistungen**

Bei der **VOB Teil A** handelt es sich um den Teil, der bei Baumaßnahmen der öffentlichen Auftraggeber grundsätzlich vereinbart wird. In besonderem Maße sind hier die Arten der Ausschreibung und die Modalitäten der Vergabe geregelt. Es wird z. B. vorgegeben, ob eine Ausschreibung öffentlich auszuloben ist oder nur ein beschränkter Bieterkreis zur Angebotsabgabe aufgefordert wird. Außerdem wird die Abgabe der Angebote der Bieter in einem sogenannten Submissionstermin vorgegeben, an dem ausschließlich die Bieter oder deren Bevollmächtigte teilnehmen können. Außerdem wird z. B. die Zuschlagsfrist geregelt, also der Termin, an dem der Auftraggeber spätestens das Angebot annehmen muss. Da sich ein privater Bauherr diesen stringenten Vorgaben nicht unterwerfen will, vereinbart er üblicherweise die VOB/B.

Die **VOB/B** wird dann Vertragsbestandteil, wenn sich die Parteien des Bauvertrages darauf verständigen, dass sie Vertragsinhalt werden soll. Sie muss also gesondert und explizit vereinbart werden, damit sie wirksam ist. Häufig geschieht dies dadurch, dass der Auftraggeber die VOB/B in den Vertragsunterlagen vorschlägt und der Auftragnehmer auf dieser Basis sein Angebot abgibt. Wird dann der Auftrag erteilt, ist die VOB wirksam vereinbart.

Die VOB/B Ausgabe 2012 hat sich gegenüber der VOB/B Ausgabe 2009 nur geringfügig geändert. Lediglich in § 16 „Zahlung“ wurden die Zahlungsbedingungen neu gefasst:

- Abschlagszahlungen waren bisher innerhalb von 18 Werktagen fällig, gemäß VOB/B Ausgabe 2012 jedoch innerhalb von 21 Kalendertagen
- Schlussrechnungen waren bisher innerhalb von 2 Monaten fällig, gemäß VOB/B 2012 jedoch innerhalb von 30 Kalendertagen, wobei die Frist auf 60 Kalendertage verlängert werden kann, wenn dies ausdrücklich vereinbart wurde.

Der Text der VOB braucht den Fachleuten, die mit den Regelungen der VOB vertraut sind, nicht gesondert übergeben zu werden: man geht in der üblichen Rechtsprechung davon aus, dass Architekten, Bauunternehmen oder Ingenieurbüros die notwendigen Kenntnisse besitzen. Bei Bauverträgen, bei denen der Bauherr nicht durch einen Architekten, Bauleiter oder Projektsteuerer vertreten wird, empfiehlt sich die Aushändigung eines VOB-Textes.

Wenn die VOB/B Vertragsinhalt geworden ist, gilt dies automatisch auch für die VOB/C, da dies in VOB/B § 1 (1) entsprechend geregelt ist. Die **VOB Teil C** enthält die ATV – Allgemeine Technische Vertragsbedingungen für Bauleistungen und führt für alle Gewerke eines Bauvorhabens die DIN-Norm auf, die für das jeweilige Gewerk gelten soll. Sie beginnt mit ATV DIN 18300 „Erdarbeiten“ und endet mit ATV DIN 18459 „Abbrucharbeiten“. Beschrieben werden somit über 60 unterschiedliche Baugewerke des Hoch-, Tief- und Ingenieurbaus mit ihren besonderen Merkmalen zur Beschreibung der Leistung, dem Aufmaß und der Abrechnung der jeweiligen Leistungen. Somit sind alle Ausführungen über Stoffe, Bauteile, Ausführungsvorschriften, Nebenleistungen, Besonderen Bauleistungen und besonders die Art der Abrechnung und des Aufmaßes geregelt und vereinbart.

Eine Ausnahme bildet die ATV DIN 18299 „Allgemeine Regelungen für Bauarbeiten jeder Art“, die allen Gewerken vorangestellt ist. Hier werden gewerkeübergreifend die erforderlichen Angaben zur Baustelle, zur Ausführung der Leistungen und zur Abrechnung der jeweiligen Gewerke geregelt.

Nach der Rechtsprechung des BGH (Bundesgerichtshof) und praktisch einhelliger Meinung in der Literatur ist die „VOB als Ganzes“ AGB-rechtlich privilegiert, d. h., die VOB und ihre sämtlichen Einzelbestimmungen unterliegen nicht einer gesonderten Inhaltskontrolle, sofern sie als „Ganzes“, d. h. ohne wesentliche Einschränkungen, zur Vertragsgrundlage gemacht werden. Der BGH begründet diese Rechtsauffassung mit der zutreffenden Erwägung, dass die VOB/B als ein

- **im Ganzen ausgeglichenes,**
- **den Interessen beider Vertragspartner gerecht werdendes und**
- **an den Erfahrungen der Praxis ausgerichtetes Vertragswerk**

anerkannt ist.

Wenn die VOB nicht als „Ganzes" vereinbart wurde, sondern wichtige Regelungen gestrichen oder verändert wurden, ist sie nicht mehr wirksamer Vertragsinhalt, da ihre Ausgewogenheit verloren geht.

Wenn zusätzliche Ergänzungen getroffen werden, für die die VOB/B selbst keine Regelungen trifft, wird sie auch nicht unwirksam. Ebensowenig wird sie in ihrem Kernbereich durch Ergänzungen berührt, die notwendig sind, um bestimmte Regelungen überhaupt erst wirksam werden zu lassen, z. B.

- Vereinbarung einer Vertragsstrafe nach § 11 VOB/B
  - Das Ziehen einer Vertragsstrafe ist nur dann wirksam, wenn die Vertragsstrafe
    - im Vertrag vereinbart wurde,
    - der Höhe nach limitiert ist (max. 3 % der Abrechnungssumme),
    - im Zuge der Abnahme der Bauleistungen vorbehalten wurde.

  „Ziehen" bezeichnet branchenüblich, dass ein vereinbarter Betrag bei einer Bauzeitüberschreitung vom Betrag der Schlussrechnung des Auftragnehmers abgezogen wird, wenn der Auftragnehmer die Bauzeitüberschreitung verursacht hat.
- Forderung nach förmlicher Abnahme nach § 12 VOB/B. Die Art der förmlichen Abnahme regelt der § 12 (4). Eine nicht förmliche Abnahme wäre z. B. die Nutzung des Bauvorhabens ohne vorherige förmliche Abnahme, also durch Inbetriebnahme.
- Vereinbarung einer Sicherheitsleistung nach § 17 VOB/B.

Ist die Ergänzungsvereinbarung selbst unwirksam, was häufig – z. B. bei Vertragsstrafenregelungen – der Fall ist, wird hiervon allein die Zusatzvereinbarung erfasst und nicht die Regelung der VOB/B. Die VOB/B wird auch aufgrund etwaiger Unwirksamkeit von Zusatzvereinbarungen nicht unausgewogen. Die Ausgewogenheit der VOB/B wird in aller Regel auch nicht beeinträchtigt durch Änderungen in Bereichen, in denen sie dies selbst ausdrücklich zulässt. Solche zulässigen Änderungsmöglichkeiten kennzeichnet die VOB/B in der Regel mit Formulierungen wie „wenn nichts anderes vereinbart ist". Solche Formulierungen finden sich in

- § 4 (4): Überlassung von Lagerflächen
- § 13 (4): Dauer der Verjährung
- § 18 (1): Gerichtsstandvereinbarung.

In diesem Bereich gilt jedoch die wichtige Einschränkung, dass durch die von der VOB/B abweichenden Regelungen kein Vertragswerk geschaffen werden darf, das in maßgeblichen Punkten nur eine Seite bevorzugt und damit den von der VOB/B gewollten Interessenausgleich zunichte macht.

Auch Änderungen in solchen Bereichen, in denen die VOB/B Änderungen nicht ausdrücklich zulässt, greifen nicht in jedem Fall in die grundsätzlichen Regelungen (Kern) der VOB/B ein. Grundsätzlich darf die VOB/B nur an den Punkten geändert werden, an denen eine Änderung zulässig ist (s. o.). Werden nur reine Zweckmäßigkeitsbestimmungen hinzugefügt, wird die Ausgewogenheit der VOB/B selten beeinträchtigt. **Eingriffe in den Kern** der VOB/B haben in der Regel zur Voraussetzung, dass in den Gerechtigkeitsgehalt der VOB/B eingegriffen wird. Wann und durch welche konkreten Eingriffe der **Kernbereich** so verändert wird, dass die VOB/B kippt, lässt sich in Anbetracht der unzähligen Gestaltungsmöglichkeiten hier nicht abschließend darstellen. Bei der Forderung, die Ausgewogenheit der VOB/B zu erhalten, geht es zunächst darum, dass die Vorteile, die die VOB/B gegenüber der gesetzlichen Regelung bietet, auch erhalten bleiben müssen.

Beispiele:

- Dem Auftragnehmer müssen zum Ausgleich für das gesetzlich nicht vorgesehene einseitige Anordnungsrecht des Auftraggebers (§ 1 (3) und (4) VOB/B: Änderungen des Bauentwurfs, nicht vereinbarte Leistungen) die Vergütungsregelungen nach § 2 (3) ff. VOB/B erhalten bleiben, damit die Ausgewogenheit der VOB/B gewahrt bleibt. Die Klausel „Mengenänderungen berechtigen nicht zu einer Preisänderung“ stellt einen einseitigen Eingriff in die VOB/B dar, der diese kippt (BGH NJW-RR 91, 534).
- Auch zusätzliche Vertragsbedingungen des Auftraggebers, die den Anspruch des Auftragnehmers auf Zusatzvergütung bei einer mehr als 10%igen Mengenüberschreitung (§ 2 (3) VOB/B) oder bei Änderungen des Bauentwurfs (§ 2 (5) VOB/B) von einer Ankündigungspflicht abhängig machen, berühren die VOB/B in ihrem Kernbereich (BGH BauR 91, 210). Der Verlust der Ausgewogenheit wäre die Folge.

Insgesamt ist also höchste Vorsicht geboten, neben der VOB/B weitere Vertragsbedingungen zu verwenden, die möglicherweise die VOB/B in wesentlichen Punkten beeinträchtigen.

Bei unklarer Auslegung eines Bauvertrages regelt jedoch der § 1 (2) VOB/B bei Widersprüchen im Vertrag die Gültigkeit der

Grundlagen, wobei nach neuester Rechtsprechnung die hier aufgeführte Reihenfolge nicht mehr maßgebend ist. Hier steht die Leistungsbeschreibung erwartungsgemäß an erster Stelle, da sie die Mengen, Inhalte und Einheitspreise der jeweiligen Leistungspositionen eindeutig regeln sollte. Die Leistungsbeschreibung ist jedoch nicht zwingend das wichtigste Kriterium zur Regelung bei Widersprüchen, es können auch mit gleicher Wichtigkeit die Allgemeinen Vertragsbedingungen (§ 1 (2) 6.) sein.

Der BGH hat aufgrund einer Klage der Verbraucherschutz-Organisationen festgestellt, dass der Deutsche Vergabe- und Vertragsausschuss (DVA), der den Text der VOB entwickelt, nur mit Institutionen öffentlicher und privater Auftraggeber besetzt sei sowie auf Auftragnehmerseite mit Interessenvertretern der Verbände der deutschen Bauwirtschaft. Diese Organisationen können deshalb ihre Interessen in das VOB/B-Regelwerk einbringen. Die Interessen der Verbraucher seien dagegen im DVA überhaupt nicht vertreten.

In sogenannten Verbraucherverträgen unterliegt somit jede einzelne VOB-Bestimmung den Gerichten, die überprüfen, ob die Bestimmung mit dem Gerechtigkeitsinhalt der entsprechenden Regel des BGB noch übereinstimmt. Tut sie das nicht, ist sie unwirksam (BGH-Urteil vom 24.07.2008, Az.: VII ZR 55/07).

§ 13 f BGB: Verbraucher ist jede natürliche Person, die ein Rechtsgeschäft zu einem Zweck abschließt, der weder ihrer gewerblichen noch ihrer selbstständigen beruflichen Tätigkeit zugeordnet werden kann.

§ 14 BGB: Unternehmer sind natürliche oder juristische Personen, die bei Abschluss eines Rechtsgeschäfts in ihrer gewerblichen oder selbstständig beruflichen Tätigkeit handeln. Gleiches gilt für Personengesellschaften, die unternehmerisch tätig sind.

Grundsätzliche Rechtsauffassung:

Die VOB/B als „Ganzes“ ist ein Vertragswerk, das AGB-rechtlich privilegiert ist:

1. **Die VOB/B muss als Ganzes vereinbart sein und damit Grundlage des Bauvertrages („im Ganzen ausgeglichen“).**
2. **Die VOB/B muss dem Auftraggeber entweder als Text bekannt sein, weil er bauerfahren ist oder aber ihm bei Angebotsabgabe zugänglich gemacht worden sein, sodass er sie in Ruhe zur Kenntnis nehmen kann.**
3. **Der Auftraggeber muss mit der Einbeziehung der VOB/B in das Vertragsverhältnis zumindest konkludent sein Einverständnis erklärt haben.**
4. **Einzelne nach VOB/B zulässige Ergänzungsvereinbarungen dürfen die VOB/B als Ganzes nicht aushöhlen. Die VOB/B muss also als Ganzes in ihrem Regelungsinhalt erhalten bleiben.**

1.1 Abnahme

Nach Fertigstellung der Leistungen der jeweiligen Gewerke erfolgt die Abnahme gemäß § 12 VOB/B, bei der dem jeweiligen Ausführungsbetrieb die Durchführung der Leistungen testiert wird: Wenn Mängel vorliegen, werden diese in einer entsprechenden Mängelliste aufgeführt oder die Abnahme wird wegen erheblicher Mängel überhaupt nicht durchgeführt und wird nach Abarbeitung der Mängel erneut durchgeführt. Das Entscheidende bei der Abnahme ist der Umstand, dass die Gefahr auf den Auftraggeber übergeht: ab diesem Zeitpunkt hat also der Auftraggeber die Leistungen übernommen und ist für die Werterhaltung des ausgeführten Gewerkes selbst verantwortlich.

Wenn z. B. ein Sanitärinstallateur die Installation der Bäder mit Objekten und Armaturen in Form einer Abnahme übergeben hat, wäre er für einen Diebstahl eines Wasserhahnes nicht mehr verantwortlich. Er würde diese Armatur gegen entsprechende Vergütung erneut montieren, wenn sie entwendet werden würde. Er ist aber bis zur Abnahme für den Schutz seines Gewerkes verantwortlich. Wenn ein Wasserhahn vor der Abnahme entwendet worden wäre, hätte er diese Armatur auf eigene Kosten zu ersetzen, um sie überhaupt übergeben zu können. Jeder Ausführungsbetrieb wird bemüht sein, sein Gewerk und seine Leistungen so frühzeitig wie möglich im Zuge einer Abnahme zu übergeben. Jeder Auftraggeber wird bemüht sein, die Leistungen so spät wie möglich zu übernehmen. Außerdem beginnt mit der Abnahme der Ablauf der Verjährungsfrist: diese beträgt für Bauwerke 4 Jahre, sofern im Vertrag keine andere Verjährungsfrist vereinbart worden ist (§ 13 (4) VOB/B).

Entscheidend ist weiterhin, dass der Auftraggeber sich bei der Abnahme die Geltendmachung einer Vertragsstrafe aus verspäteter Fertigstellung vorbehält (§ 11 (4) VOB/B). Der Vorbehalt wird in der Form wirksam, dass der Auftraggeber diesen im Abnahmeprotokoll dokumentiert. Er hat dann die Möglichkeit, eine eventuell vereinbarte Vertragsstrafe zu ziehen: wird sie nicht ausdrücklich vorbehalten, ist diese Möglichkeit verwirkt. Um kostenintensive Reparaturen oder Nachlieferungen wegen Diebstahls zu vermeiden, sollte der Auftragnehmer seine Leistungen möglichst früh übergeben und abnehmen lassen und der Auftraggeber aus demselben Grund möglichst spät die Leistungen abnehmen.

1.2 Änderung des Entwurfs (§ 2 (5))

Werden durch Änderungen des Bauentwurfs gemäß § 2 (5) VOB/B oder durch andere Anordnungen des Auftraggebers die Grundlagen des Preises für eine im Vertrag vorgesehene Leistung geändert, so hat jede der Vertragsparteien den Anspruch auf die Vereinbarung eines neuen Preises. Nahezu bei jedem Bauvorhaben wird in der Ausführungsphase etwas geändert, sei es dadurch, dass ein zukünftiger Mieter des Bauvorhabens andere Ausstattungswünsche hat als ursprünglich vom Bauherren angedacht, oder es werden konstruktive Änderungen von einem Fachingenieur veranlasst. Der Auftragnehmer wird diesen Änderungswünschen des Bauherren folgen, da er die Möglichkeit hat, einen neuen Preis zu vereinbaren, und der Bauherr das Recht hat, Änderungen des Bauentwurfs anzuordnen (§ 1 (3) VOB/B). Ein Anspruch entsteht immer dann, wenn

- der Bauherr den Entwurf nach Vertragsabschluss ändert oder eine Anordnung dazu trifft und
- die Grundlagen für eine im Vertrag vorgesehene Leistung dadurch geändert werden.

Von besonderer Wichtigkeit ist also, dass die Leistung bereits im Vertrag vorgesehen war und danach geändert wurde, z. B. eine Position im Leistungsverzeichnis vorhanden ist. Wird der Entwurf dahingehend geändert, dass der Bauherr eine zusätzliche Leistung fordert, die im Vertrag nicht gefordert war, so wäre § 2 (6) VOB/B heranzuziehen, z. B. die Verfüllung einer Baugrube, wenn bisher nur der Aushub im Leistungsverzeichnis enthalten war. Diese Leistung wäre eindeutig zusätzlich, da sie vorher nicht beschrieben war: es gab also keine entsprechende Position im Leistungsverzeichnis. Wäre die Verfüllung mit vorhandenem Boden als Position ausgeschrieben, aber wegen Unbrauchbarkeit des Bodens nicht möglich, so wäre dies eine Änderung des Entwurfs.

Eine Anordnung des Auftraggebers kann – neben anderen Anspruchsgrundlagen – eine Änderung des Entwurfs bewirken, wobei jeder Eingriff in die Vertragsunterlagen, der nach Vertragsabschluss vorgenommen wird, zu einer Änderung des Bau-Solls führt, sofern er die Planunterlagen nicht nur konkretisiert. Es ist hierbei gleichgültig, von wem die Änderungen direkt gefordert werden, sofern sie nur **der Sphäre** des AG zuzuordnen sind, also auch Änderungen durch den Architekten, den Prüfstatiker, den Fachingenieur für Haustechnik etc. Ein Anspruch auf Vergütung kann jedoch nur dann entstehen, wenn der Auftraggeber unmissverständlich Änderungen verlangt und nicht nur Anregungen oder Ausführungsvarianten im Rahmen von Baubesprechungen diskutiert. Wenn der Auftraggeber Anordnungen trifft, die einen Einfluss auf die Bauabwicklung haben oder zu Erschwernissen führen, so wäre genau zu prüfen, ob er nicht ohnehin bekannte Bauumstände fordert, die bereits zum Bau-Soll gehören und somit bereits vertraglich vereinbart wären. In der Praxis kommt es sehr häufig vor, dass Änderungen **aus der Sphäre des AG** angeordnet werden, ohne dass diese ausdrücklich als Änderungen deklariert werden und sich Auftraggeber und Auftragnehmer zunächst nicht ausdrücklich über diese Änderungen und die damit verbundenen eventuellen Mehrforderungen bewusst sind, z. B. bei Anordnungen des Prüfstatikers im Zuge der Erstellung des Bauvorhabens. Änderungen des Entwurfs ergeben sich sehr häufig auch durch die Heranziehung einer ausgeschriebenen Alternativposition. Wenn eine bestimmte Ausführungsart ausgeschrieben wurde und diese auch im Leistungsverzeichnis zur Ermittlung des Baupreises ausgeworfen wird, so kann davon ausgegangen werden, dass der Bauzeitenplan z. B. auf dieser bewerteten Ausführungsvariante beruht.

Wenn der Auftraggeber also nach Vertragsabschluss eine Alternativposition auswählt, die im Leistungsverzeichnis nur als NEP (nur Einheitspreis) ausgeworfen wurde, so kann diese Ausführungsart erheblichen Einfluss auf eine veränderte Bauzeit haben und zu einem gestörten Bauablauf mit den entsprechenden Folgen führen. Die NEP-Position ist grundsätzlich in der Bausumme nicht enthalten, da sie ja in der Summe nicht ausgeworfen wird. Hintergrund der eventuellen Auflistung von Ausführungsvarianten im Leistungsverzeichnis ist der Umstand, dass der Auftraggeber zum Zeitpunkt der Ausschreibung die Ausführungsvarianten preislich abfragen will, um sich für eine bestimmte Version zu entscheiden, deren Kosten er bis dahin schwer einschätzen konnte.

Wenn es Abweichungen aus Änderungen während des Bauablaufes gibt, so ist grundsätzlich davon auszugehen, dass das ursprünglich geplante Bau-„Soll“ nicht mehr durchgeführt wird. Dies ist eindeutig erkennbar an dem tatsächlichen Bauverlauf, dem Bau-„Ist“. Das Bau-Soll ist üblicherweise der Bauvertrag, in dem die geplante Ausführung geregelt ist:

- die auszuführende Menge,
- die Qualität,
- die Bauzeit,
- die Bauumstände (Straßensperrungen, Befahrbarkeit des zu bebauenden Grundstücks oder Überfahrtsmöglichkeit über fremde Grundstücke, Aufstellen von Hebezeugen) und manchmal auch
- das Bauverfahren.

Wenn der bauvertraglich geschuldete Sollzustand nicht ausgeführt wird, so ist zu prüfen, ob diese Abweichung auf einer Änderung des Bau-Solls durch den Auftraggeber beruht. Das Bau-Ist würde dann vom Bau-Soll abweichen und würde den Auftragnehmer zunächst dazu berechtigen eine Änderung des vereinbarten Preises zu verlangen: er würde einen Nachtrag schreiben. Der Begriff des Nachtrages ist jedoch in der VOB an keiner Stelle geregelt, bedeutet aber grundsätzlich die Berechnung von Mehrkosten durch den Auftragnehmer.

In der Praxis zeigt ein Vergleich zwischen Bau-Soll und Bau-Ist grundsätzlich die tatsächliche Abweichung auf, nicht jedoch die Ursachen, die zu dieser Abweichung geführt haben. Liegen die Ursachen in einer Änderung des Bau-Solls durch den Auftraggeber, so wäre zu prüfen, welche Umstände geändert wurden.

Änderung Bsp. a): Der eigentliche Entwurf, d. h. eine Änderung, die auf den Ausführungszeichnungen nachvollziehbar wäre:

WAS sollte GEbaut werden?

Wenn z. B. vom Bauherren verlangt wird, dass in einem Parkdeck runde Stützen gebaut werden sollen statt rechteckiger Stützen, so würden diese in den Ausführungszeichnungen geändert werden. Mehrkosten entstünden dem Auftragnehmer mindestens schon durch die Ausführung einer runden Stütze gegenüber einer preiswerteren, eckigen Stütze. Wenn diese Änderung kurzfristig vorgegeben wird, so wäre zu prüfen, ob nicht zusätzlich ein gestörter Bauablauf vorliegt, der von folgenden Umständen hätte ausgelöst werden können:

- Die Statik muss überarbeitet werden: Dadurch könnte eine Unterbrechung der Betonarbeiten erfolgen, dadurch könnten die Stützen erst einige Tage oder Wochen später betoniert werden, die darüber liegenden Unterzüge und Decken ebenfalls, der Fertigstellungstermin müsste verschoben werden, wenn nicht Beschleunigungsmaßnahmen durch den Auftragnehmer durchgeführt werden würden.
- Die Schalung ist nicht kurzfristig zu erhalten oder herzustellen: die Folge wäre ein verspäteter Fertigstellungstermin mit eventuell erheblichen Mehrkosten.

Änderung Bsp. b): Die vertraglich vorgegebene Art des zu verbauenden Materials, d. h. eine Änderung, die auf den Zeichnungen nicht unbedingt nachvollziehbar wäre, sondern nur innerhalb der entsprechenden Position des Leistungsverzeichnisses:

WAS sollte VERbaut werden?

Wenn z. B. vom Bauherren verlangt wird, dass die Grundleitungen unterhalb der Sohle nicht in PVC-Rohren hergestellt werden sollen, sondern mit Steinzeugrohren verlegt werden sollen, so könnten dem Auftragnehmer schon mindestens aufgrund des geänderten Materials Mehrkosten zustehen. Mehrkosten könnten auch dadurch entstehen, dass der Rohrgraben geändert werden muss, da Steinzeugrohre Kopflöcher für die Rohrmuffen benötigen, damit die Rohrwandung satt aufliegt. Wenn diese Änderung kurzfristig vorgegeben wird, wäre zu prüfen, ob nicht zusätzlich ein gestörter Bauablauf vorliegt, der von folgenden Umständen hätte ausgelöst werden können:

- Das Material ist kurzfristig nicht lieferbar, sodass es zu erheblichen Verzögerungen beim Betonieren der Sohle kommen könnte. Dies wiederum kann zu Verzögerungen des gesamten Bauablaufes führen und damit zu erheblichen Mehrkosten, die sich nicht nur auf den Unterschied im Materialpreis beziehen.
- Die vertraglich vorgegebene Art des zu verbauenden Materials, jedoch in geänderten Materialstärken, d. h. eine Änderung, die ausschließlich auf den technischen Ausführungszeichnungen nachvollziehbar wäre, ohne dass Grundrisse oder dergleichen geändert werden würden.

WAS sollte in welcher Stärke VERbaut werden?

Wenn sich z. B. die Gesamttonnage des Bewehrungsstahls bei einem Bauvorhaben nicht ändert, wohl aber die prozentuale Aufteilung zwischen Matten- und Stabstahl, so könnten dem AN Mehrkosten bereits mindestens dadurch entstehen, dass mehr teurer Stabstahl als ursprünglich vorgesehen eingebaut wird. Auch hier wäre zu prüfen, ob nicht ein gestörter Bauablauf vorliegt, wenn davon ausgegangen werden kann, dass

- bei gleichbleibender Tonnage mehr Stabstahl als Mattenstahl eingebaut wird: Es kann dann zwingend davon ausgegangen werden, dass Stabstahl in kleinen Kalibern verlegt werden muss, da die Matten durch Stabstahl ersetzt werden. Dies kann jedoch nur in kleinen Durchmessern erfolgen. Der Ersatz von Mattenstahl durch Stabstahl in großen Kalibern ist unmöglich, da.
  - kleinere Durchmesser einen erheblich höheren Stundenaufwand in der Verlegung benötigen, da sich der Leistungswert nach verlegten Tonnen pro Stunde orientiert.
  - Daraus folgt, dass die Schalung länger steht und entsprechend länger vorgehalten werden muss. Das Gleiche gilt für die Hebezeuge.

Änderung Bsp. c): Die Bauumstände, d. h. eine Änderung, die das erstellte Bauvorhaben in keinem Grundriss, keinem Material, keiner Materialstärke oder dergleichen ändert, sondern **ausschließlich in der Art und Weise des Errichtens,** also:

WIE sollte gebaut werden?

Ein Bauherr gibt z. B. in den Vorbemerkungen des Leistungsverzeichnisses, das üblicherweise Inhalt des Bauvertrages ist (also Bau-Soll), vor, dass eine Straße unter Umleitung des laufenden Verkehrs eine neue Asphaltdecke bekommen soll. Wenn sich dann herausstellt, dass die Straße nur halbseitig gesperrt werden kann, so stellt dies eine erhebliche Änderung des Entwurfs dar, die jedoch in keinem Lageplan oder Querschnitt nachzuvollziehen wäre, sondern nur während der Baumaßnahme selbst.

Mehrkosten könnten also für den AN aus gestörtem Bauablauf dadurch entstehen, dass

- eine Ampelregelung installiert werden muss oder
- die Anlieferung des bituminösen Mischgutes nur mit Fahrzeugen erfolgen kann, die sich in den halbseitigen Verkehr ein- und ausfädeln müssen, oder
- ein Straßenfertiger mit stark reduzierter Einbaubreite zum Einsatz kommen kann: Die Einbauleistung fällt rapide, die Baumaßnahme dauert insgesamt länger.

Änderung Bsp. d): Die Bauumstände, d. h. eine Änderung, die das erstellte Bauvorhaben in keinem Grundriss, keinem Material oder dergleichen ändert, sondern **ausschließlich in dem Zeitpunkt des Errichtens**.

WANN sollte gebaut werden?

Wenn der Bauherr z. B. einen Bauzeitenplan zum Vertragsinhalt macht, werden hier Anfangs-, Zwischen- oder Endtermine vorgegeben. Verschiebt sich z. B. der Beginn eines Baugrubenaushubs, so könnten dem Auftragnehmer erhebliche Mehrkosten aus gestörtem Bauablauf dadurch entstehen, dass die für diese Baumaßnahme eingeplanten Erdbaugeräte bereits auf anderen Baustellen eingesetzt wären. Es entstünden ihm eindeutig Mehrkosten dadurch, dass er zusätzliche Geräte fremd anmieten muss.

Allen o. a. Beispielen ist gemeinsam, dass sich bei Änderungen nicht nur der Einheitspreis einer geänderten Leistungsposition verändern kann, sondern viele andere Preise auch, auf deren Kalkulationsgrundlagen die Änderung Einfluss haben könnte! Bei einem Pauschalauftrag kann also auch die gesamte Pauschalsumme gefährdet sein, wenn Änderungen vorgenommen werden, deren Tragweite auf den zukünftigen Bauablauf zunächst nicht erkannt wurde.

Den Vergütungsanspruch des Auftragnehmers regelt grundsätzlich die VOB/B in § 2, wobei die Art der Vergütung sich nach dem jeweiligen Vertragstyp richtet. Es wird dabei unterschieden nach

- Einheitspreisvertrag: Diese Art der Vergütung ist die übliche Vertragsform im Bauwesen. Es wird die Menge der tatsächlich ausgeführten Leistungen mit dem Einheitspreis multipliziert und somit die Vergütung ermittelt.
- Pauschalvertrag: Dieser Vertrag beruht auf den Einheitspreisen, die vor Abschluss des Vertrages mit den zu erwartenden Mengen multipliziert werden und so die Pauschalsumme bilden. Es wird im Gegensatz zum Einheitspreisvertrag vorher die Bausumme ebenfalls ermittelt, aber die Mengen werden nicht nachträglich aufgemessen.

- Stundenlohnvertrag: Hier wird der Aufwand berechnet, den der Auftragnehmer zur Ausführung der Leistung hatte. Diese Abrechnungsart ist nur üblich bei kleinen und meist vorher nicht ausgeschriebenen Bauleistungen.
- Selbstkostenerstattung: Über diesen Aufwandsvertrag wird dem Auftragnehmer also der gesamte Aufwand erstattet, den er zur Ausführung der Leistung hatte. Diese Art der Vergütung kann für das Baugewerbe nahezu ausgeschlossen werden, weil sie wegen mangelnder Kontrollmöglichkeiten nicht praktikabel ist.

Bei allen Arten der Vergütung wird jedoch dem Auftragnehmer vorgegeben,

- was er bauen soll,
- wo er dies bauen soll,
- wann er dies bauen soll und zusätzlich unter Umständen auch
- wie er etwas bauen soll.

Es wird also geregelt, dass der Auftragnehmer das Bauvorhaben nach den Wünschen des Bauherren bzw. seiner beauftragten Fachingenieure errichten soll und dass der Bauherr ihm dazu seine Wünsche und Vorgaben mitteilt. Er übergibt dem Auftragnehmer also z. B.

- Zeichnungen, aus denen das Bauvorhaben zu kalkulieren und anschließend zu bauen ist,
- macht ihm bestimmte Vorgaben, z. B. über die Ausführungsfristen, und nennt ihm
- weitere Randbedingungen, die er zu beachten hat, z. B. über die Befahrbarkeit des Grundstückes oder die Einhaltung von Lärmbeschränkungen.

Werden die Randbedingungen, die vom Bauherren vorgegeben wurden, nach Vertragsabschluss vom Bauherren geändert, so liegt eine Änderung des Entwurfs vor und dem Auftragnehmer stünde eine gesonderte Vergütung gemäß § 2 (5) VOB/B zu.

Werden Änderungen vom Bauherren angeordnet, so kann man fast sicher davon ausgehen, dass der Auftragnehmer kurzfristig auf diese Änderungen reagieren muss, da diese Änderungen auch fast immer kurzfristig dem AN mitgeteilt werden. Dies liegt in der Natur der Sache: Wenn diese geänderte Ausführung vor Vertragsabschluss bekannt gewesen wäre, so wären diese Bauherrenwünsche auch in die Pläne oder in das Leistungsverzeichnis mit den dazugehörigen Vorbemerkungen eingearbeitet worden. Es wären keine Änderungen, sondern bekannte Vorgaben des Bauherren gewesen. Da diese Bauherrenwünsche eine Änderung der Bauausführung erfordern, führen sie grundsätzlich zu einer mehr oder minder starken Störung des Bauablaufes: Der Auftragnehmer muss in irgendeiner Weise auf die Wünsche reagieren.

Die häufigste Ursache für die Mehrkosten eines Bauvorhabens liegen in der Störung des Bauablaufes, die leicht 50 % der ursprünglich kalkulierten Kosten erreichen können und das Bauvorhaben somit erheblich verteuern können. Es wird von besonderer Bedeutung sein, wann die Voraussetzungen vorliegen, dass von dem Auftragnehmer eine Störung des Bauablaufes geltend gemacht werden kann, die zu erheblichen zusätzlichen Vergütungsansprüchen führen kann. Von besonderer Bedeutung ist hier, dass die Planung des Bauablaufes, also

- der Einsatz der Kolonnen,
- die Bereitstellung geeigneter Maschinen,
- die zeitnahe Lieferung der Materialien vor der Bauausführung etc.,

grundsätzlich in den Verantwortungsbereich des Auftragnehmers gehört. Er hat dafür zu sorgen, dass die Baustelle reibungslos läuft. Es muss bei einer Störung des Bauablaufes, die

- zu Behinderungen der Reihenfolge der Leistungen,
- zu Bauzeitverzögerungen oder
- zum Stillstand der Baustelle führen kann,

geprüft werden, ob es sich hier nicht um interne Ablaufschwierigkeiten des Auftragnehmers handelt, denn für diese wäre er selbst verantwortlich. Wenn die von ihm eingesetzten Kolonnen nicht die kalkulierten Leistungsansätze erreichen, führt dies zu Bauverzögerungen, die dann aber der Auftragnehmer durch zusätzlichen Arbeitseinsatz aufzufangen hätte. Die dann anfallenden Mehrkosten aus Wochenendarbeit oder dem Einsatz zusätzlicher Maschinen wären eindeutig vom Auftragnehmer zu tragen. Ein weiterer Grund für die Störung des Bauablaufes könnten z. B. Witterungseinflüsse sein. Diese werden jedoch in ihrer zu erwartenden Intensität üblicherweise in die Kalkulation über verlängerte Ausführungszeiten eingearbeitet. Weiterhin werden zu erwartende Unterbrechungen der Baustelle durch Feiertage ebenfalls im Vorfeld kalkuliert und können nicht zu einer Störung des Bauablaufes führen, die zu besonderer Vergütung führen dürfte. Auch die Winterzeit wird branchenüblich bei der Aufstellung von Terminplänen mit 25 Schlechtwettertagen zwischen Anfang November und Ende März erfahrungsgemäß ausreichend berücksichtigt. Feiertage und normale Witterungseinflüsse werden also sinnvollerweise als bekannt vorausgesetzt.

Zusätzliche Vergütungsansprüche gemäß § 2 (5) VOB/B können nur dann wirksam werden, wenn der Bauherr die Änderungen gewünscht oder verursacht hat, denn diese Wünsche konnte der

Auftragnehmer bei seiner Kalkulation nicht kennen. Gestaffelt nach der Häufigkeit der vom Bauherren verursachten Änderungen ergibt sich etwa folgende Reihenfolge der Anspruchsgrundlagen wegen eines geänderten Entwurfs:

- Leistungsverzeichnisse, die unvollständig aufgestellt waren oder die zu erbringende Bauleistung fehlerhaft beschrieben haben,
- keine termingerechte Übergabe der Baustelle an den betreffenden Unternehmer,
- keine termingerechte Übergabe der Ausführungszeichnungen,
- fehlende Genehmigungen durch bauaufsichtliche Behörden oder Polizei.

1.3 Bau-Soll

Die im Bauvertrag vorgesehene Baumaßnahme wird als Bau-Soll bezeichnet, da hier festgelegt wird,

- was gebaut werden soll, also Grundrisse, Schnitte, Lagepläne etc., die die gewünschte Bauform dokumentieren.
- mit welchen Materialien gebaut werden soll, die in den Positionen des Leistungsverzeichnisses textlich aufgeführt sind.
- nach welcher Konstruktionsart gebaut werden soll, die im Standsicherheitsnachweis und den technischen Ausführungszeichnungen (z. B. Schal- und Bewehrungspläne) dokumentiert ist.
- unter welchen Umständen gebaut werden soll, die üblicherweise in den Vorbemerkungen zum Leistungsverzeichnis aufgeführt sind, also z. B. ob mit Grundwasser zu rechnen ist oder ob die Baustelle auch für schwere Fahrzeuge erreichbar ist etc.
- zu welchem Zeitpunkt gebaut werden soll, dargestellt im Bauzeitenplan, der üblicherweise Anfangs-, Zwischen- und Endtermine enthält.

Grundsätzlich ist immer genau festzulegen, worin das Bau-Soll besteht, welche Leistung hier also genau vom Auftragnehmer gefordert wird. Nur in dieser Kenntnis kann auch beurteilt werden, ob sich während der Ausführung eine Änderung des Entwurfs ergibt (Mehr-/Minderkosten gemäß § 2 (5) VOB/B) oder eventuell eine nicht vorgesehene Leistung gefordert wird (Mehr-/Minderkosten gemäß § 2 (6) VOB/B). Nur aus dem Bau-Soll sind die Grundlagen eines Einheitspreises nachzuvollziehen, da die wesentlichen Parameter, die zur Kalkulation des Einheitspreises geführt haben, sich nach diesen Vorgaben gerichtet haben. Diese Grundlagen sind dann von besonderer Bedeutung, wenn

Mehr- oder Minderkosten angemeldet oder abgewehrt werden müssen. Verändern sich auch die Kalkulationselemente, verändert sich zwangsläufig auch der Preis. Wenn die o. a. Inhalte des Bau-Solls – Bauinhalte oder Bauumstände – geändert werden, entsteht grundsätzlich ein zusätzlicher Vergütungsanspruch. Ohne eine grundlegende Festlegung des Bau-Solls wäre eine Änderung oder Zusatzleistung schwer zuzuordnen oder durchzusetzen. Eine Änderung im Sinne des § 2 (5) VOB/B liegt bei folgenden Punkten nicht vor:

1. bei einer Mengenmehrung, da sich hier qualitativ an der Leistungsposition nichts ändert. Es ändert sich nur die Quantität, also eine zusätzliche Leistung gemäß § 2 (3) VOB/B, da diese neue Menge bisher nicht im Vertrag enthalten war. Voraussetzung dabei ist jedoch unbedingt, dass sich nur die Menge ändert, nicht jedoch der Leistungsinhalt.
2. bei Erschwernissen, die zum Zeitpunkt der Kalkulation bekannt waren oder mit deren Eintreten hätte gerechnet werden können.
3. bei Wiederholungen: Wenn eine Leistung bereits einmal erbracht wurde und ein weiteres Mal ausgeführt wird, so ist dies eindeutig keine Änderung, sondern eine zusätzliche Leistung. Es könnte dann eine Änderung sein, wenn sich die Bauumstände signifikant ändern (Verlängerung Bauzeit etc.).
4. bei einer neuartigen Leistung, d. h. die neue Leistung lässt sich nicht aus vorhandenen und bereits beschriebenen Leistungen entwickeln, also Vergütungsanspruch gemäß § 2 (6).
5. bei einer neuen Leistung, die zwar in Zusammenhang mit einer bereits beschriebenen Leistung steht, aber die Preisgrundlagen keinen sinnvollen Zusammenhang mit der neuen Leistung haben.

Eine Änderung kann nur dann vorliegen, wenn

1. eine bereits vorhandene Leistung in der Art verändert wird, dass aus der Leistungsbeschreibung etwas entfällt oder hinzukommt oder
2. eine entfallene Teilleistung durch eine veränderte neue Leistung ersetzt wird.

Wenn eine Leistung nicht eindeutig den Grundlagen des § 2 (5) oder § 2 (6) VOB/B zuzuordnen ist, so wäre zu prüfen, ob die Neuartigkeit der Leistung überwiegt. Tut sie das nicht, wäre der § 2 (5) zu bemühen.

1.4 Behinderung

Gründe für eine Behinderung (gemäß VOB/B § 6), die in der Sphäre des AG liegen:

- mangelhafte Organisation des Baustellenablaufes bei gewerkeweiser Vergabe
- falsche Einschätzung des Ablaufs und seiner Abhängigkeiten zu anderen Unternehmern (zeitlich davor oder danach)
- zu geringe Kapazitäten
- Subunternehmer, die nicht die erforderliche Leistungsfähigkeit besitzen
- Mängel vor der Abnahme, die eine Abnahme unmöglich machen
- Geräteausfall.

Folgen für den AN:

- keine Verlängerung der Bauzeit zugelassen
- kein Schadenersatz
- eventuell Ziehen der Vertragsstrafe
- eventuelle Kündigung des Vertrages durch den Auftraggeber bei einer Unterbrechnung von mehr als 3 Monaten.

Gründe für eine Behinderung (gemäß VOB/B § 6), die weder in der Sphäre des AG noch in der Sphäre des AN liegen:

- Streik
- Aussperrung
- ungewöhnliche Witterung
- hoher Krankenstand
- höhere Gewalt.

Folgen für den AG:

- Verlängerung der Bauzeit
- kein Schadenersatz
- keine Erstattung der durch den Umstand aufgelaufenen Kosten
- eventuelle Kündigung des Vertrages durch den Unternehmer bei mehr als 3 Monaten Unterbrechung.

Folgen für den AN:

- keine Verlängerung der Bauzeit zugestanden
- Mehrkosten durch Erhöhung der Kapazität
- eventuelle Schadenersatzforderungen und Ziehen der Vertragsstrafe.

1.5 Leistungen, besondere

Besondere Leistungen sind Leistungen, die nur dann zur vertraglichen Leistung gehören, wenn sie in der Leistungsbeschreibung besonders erwähnt sind (VOB/B § 2, VOB/C DIN 18299 4.2).

Durch genaue Beschreibung der auszuführenden Leistung kann eine besondere Leistung zur Nebenleistung werden und wird nicht gesondert vergütet.

Besondere Leistungen könnten sein:

1. Beseitigung von Kontaminationen (sofort Auftraggeber unterrichten)
2. Beaufsichtigen und Sicherungmaßnahmen für Leistungen anderer Unternehmer
3. Besondere Schutzmaßnahmen gegen Witterungsschäden, Hoch- und Grundwasser
4. Aufstellen, Vorhalten, Betreiben und Beseitigen von Verkehrssicherungen außerhalb der Baustelle
5. Besondere Maßnahmen aus Gründen des Umweltschutzes, der Landes- und Denkmalpflege
6. Besonderer Schutz der Leistung bei vorzeitiger Benutzung durch den Auftraggeber
7. Zusätzliche Maßnahmen für die Weiterarbeit bei Frost und Schnee, soweit sie dem AN nicht ohnehin unterliegen (Winterbau oder bekannte vertragliche Fristen)
8. Sichern von Leitungen, Kabeln, Kanälen, Grenzsteinen, Bäumen.

1.6 Nachtrag

In einem Nachtrag werden die zu erbringenden Leistungen in Anlehnung an das Leistungsverzeichnis, das vertraglich als Bau-Soll betrachtet werden kann, ausführlich aufgeführt. Die Erstellung dieser Leistungsbeschreibung und die Einholung eines Nachtrages gehören zur eindeutigen Pflicht des Auftraggebers. Bei Änderungen, die üblicherweise durch Anordnung des Auftraggebers erfolgen, wäre also diese Leistungsbeschreibung zur Ausführung eines Nachtrages vom Auftragnehmer beim Auftraggeber abzufordern. Diese Vorgehensweise ist in der Praxis unüblich, da der Auftraggeber meist davon ausgeht, dass die von ihm angeordneten Änderungen nicht zur Veränderung eines oder mehrerer Einheitspreise führen: Dies wird aus nachvollziehbarem Interesse meist vom Auftraggeber erkannt und Mehrkosten werden angemeldet.

Die Aufstellung eines Nachtrages durch den Auftragnehmer – also Übernahme von Leistungen, die der Auftraggeber zu erfüllen hätte – führt gemäß § 2 (9) VOB/B bereits zu einem Vergütungsanspruch des Auftragnehmers. Ein Nachtrag wird unter folgenden Randbedingungen erstellt (eventuell vereinbarte Gleitklauseln für Lohn und Stoffe sind hier nicht berücksichtigt, da sie eventuelle Erhöhungen für die noch zu erbringenden Leistungen ohnehin definieren):

- Lohnkosten werden analog zur Angebotskalkulation angesetzt, wobei Lohnnebenkosten nur dann geändert werden dürfen, wenn sie
  - nicht bereits im Mittellohn enthalten sind,
  - überhaupt noch nicht erfasst worden sind, weil sie im Zuge der Angebotskalkulation nicht für die hier beschriebenen Leistungen zu berücksichtigen waren, wie z. B. Zuschläge für Nachtarbeit bei Beschleunigungsmaßnahmen.
- Stoffkosten (Material) werden analog zur Angebotskalkulation angesetzt.
- Gerätekosten werden analog zur Angebotskalkulation angesetzt.
- Aufwandswerte sind dann aus der Angebotskalkulation zu übernehmen, wenn die Leistung vergleichbar wäre.
- Gemeinkosten werden ebenfalls analog zur Angebotskalkulation angesetzt,
  - wenn im Hauptauftrag die Gemeinkosten auf die Einzelkosten der Teilleistungen umgelegt wurden, so dann auch im Nachtrag,
  - wenn im Hauptauftrag eine gesonderte Position für die Baustelleneinrichtung abgefragt wurde, so wäre im Nachtrag dieser Kostenanteil ebenfalls gesondert in einer eigenen Position auszuweisen.
- Subunternehmerleistungen werden mit demselben Zuschlagssatz wie im Hauptauftrag beaufschlagt.
- Schlüsselkosten wie Wagnis und Gewinn oder Allgemeine Geschäftskosten werden mit demselben Zuschlagssatz wie im Hauptauftrag beaufschlagt.
- Nachlässe, die im Hauptauftrag gewährt wurden, sind im Nachtrag gesondert auszuweisen und ebenso zu gewähren.
- Positionen, die im Hauptauftrag „frivol“ kalkuliert wurden, also in spekulativer Absicht weit überhöht oder zu niedrig, können durch den Nachtrag nicht korrigiert werden.

Leistungsänderungen in Form eines Nachtrages, die den o. a. Randbedingungen nicht entsprechen, können jedoch auch zwischen Auftraggeber und Auftragnehmer frei vereinbart werden. Die Nachträge werden branchenüblich aus o. g. Gründen vom AN erstellt, und zwar zu einem Zeitpunkt, zu dem die Leistungen meist bereits parallel ausgeführt werden, um keine Störung des Bauablaufes durch die Prozedur der Beauftragung zu verursachen. Da die Nachträge aus Sicht des Auftragnehmers möglichst schnell beauftragt werden sollen, werden sie gerne mit einer Bindefrist versehen, um die Entscheidungswilligkeit des Auftraggebers zu beschleunigen. Nach Ablauf dieser Bindefrist wären sie nach Vorgabe des Auftragnehmers nicht mehr gültig und würden erneut kalkuliert werden.

Ein Nachtrag wäre dann aufzustellen, wenn das Bau-Ist von dem Bau-Soll abweicht: Wenn festgestellt wird, dass die ursprünglich kalkulierte Leistung sich nicht mit den Leistungen deckt, die auf der Baustelle bereits ausgeführt werden, ausgeführt werden sollen oder auch bereits fertiggestellt sind. Der Nachtrag sollte möglichst zeitnah zur Ausführung der Leistungen erstellt werden, da

- Leistungen nach Fertigstellung nicht mehr nachvollziehbar sein könnten,
- dem AG die Möglichkeit gegeben wird, sich für andere Ausführungsvarianten zu entscheiden oder besondere Vorkehrungen zu treffen.

Die grundsätzliche Erkennung einer Nachtragsmöglichkeit oder -notwendigkeit oder die Abwehrung eines Nachtrages, bzw. die Möglichkeit zur Leistungskürzung durch den Auftraggeber und die Aufstellung eines Nachtrages, erfolgt in groben Schritten nach folgendem Schema (immer auch unter Hinzuziehung der grundsätzlichen Inhalte der DIN 18299 VOB/C):

1. Vergleich des Bau-Solls zum Bau-Ist: Hier werden die grundsätzlichen Vorgaben aus dem Bau-Soll, also dem Leistungsverzeichnis, den Vorbemerkungen, dem Bauzeitenplan und dem Vertrag mit den tatsächlichen Gegebenheiten auf der Baustelle abgeglichen, insbesondere durch
   a. Vergleich der zugestandenen Bautermine mit den tatsächlich möglichen Terminen, wie z. B. Baubeginn, Zwischenfristen etc., Bauzeitüberschreitungen
   b. Vergleich der zugesagten Übergabe von technischen Ausführungsunterlagen, wie z. B. Schal- und Bewehrungspläne etc., in terminlicher Hinsicht
   c. Vergleich des gewollten Standards mit dem tatsächlich verbauten Standard wie Qualitätsvorgaben für Baustoffe, Einbauten oder Oberflächenbeschaffenheiten
   d. Vergleich der zugesagten Bauumstände mit den tatsächlich möglichen Randbedingungen wie Überfahrbarkeit von fremden Grundstücken, Aufstellung von Hebezeugen, Straßensperrungen, Bauverfahren.
2. Aufzeigen der Abweichungen anhand von
   a. Änderung der örtlichen Gegebenheiten
   b. Ausführungszeichnungen, vom Lageplan im M 1:1000 bis zum Geländerdetail im M 1:1
   c. Bemessungsvorgaben im Standsicherheitsnachweis und den tatsächlichen Angaben im Bewehrungsplan
   d. Aufwandswerten der Urkalkulation

   e. Fortschreibung von Terminplänen unter Aufzeigen der zeitkritischen Vorgänge bis zur Verschiebung von Zwischen- oder Endterminen
   f. textlichen Vorgaben aus dem Leistungsverzeichnis, die entsprechend verändert geplant waren.
3. Nachweis der Anspruchsgrundlagen, auf denen dieser Nachtrag beruhen soll wie
   a. Mengenänderungen (§ 2 (3) VOB/B)
   b. Leistungsänderungen durch Änderung des Entwurfs (§ 2 (5) VOB/B)
   c. Zusatzleistungen (§ 2 (6) VOB/B)
   d. Behinderungen bei der Bauausführung (§ 6 VOB/B).
4. Kalkulation des Nachtrages nach den einschlägigen Richtlinien auf Grundlage der Urkalkulation, die zum Bauvertrag geführt hat, unter Bewertung von Mehr-/Minderkosten aus
   a. Erschwernissen aus gestörten Arbeitsabläufen oder veränderten Randbedingungen
   b. Personal- und Geräteauslastung
   c. Mengenänderungen.

2 Pflichten

2.1 Pflichten des Auftraggebers (AG)

Jede Verletzung der Pflichten des AG kann erhebliche Mehrkosten verursachen, wenn der AN diese Mehrkosten schlüssig nachweisen kann.

2.1.1 § 2 Vergütung

(2) Vergütung der tatsächlich ausgeführten Leistung

Grundsätzlich ist hier gemeint, dass nach den Positionen des Leistungsverzeichnisses die Leistung in der Art abgerechnet wird, dass die ausgeführte Menge (der „Vordersatz") mit dem Einheitspreis multipliziert wird und somit den Wert der erbrachten Leistung ergibt. Dies wäre eine Leistung, die vor Ort auf der Baustelle aufgemessen werden könnte, wobei sich die Aufmaßregeln nach der VOB/C und dem jeweiligen Gewerk richten.

Von besonderer Bedeutung sind jedoch die erbrachten Leistungen, die nicht unbedingt vor Ort besichtigt werden können und bei einer Kündigung des Bauvertrages vergütet werden müssten, z. B.

- bereits angemietete oder schon verladene Baugeräte, die die Baustelle noch gar nicht erreicht haben,
- die Menge an Schalung, die vorgehalten wird, um das Bauvorhaben hätte fertig stellen zu können. Bei einer Unterbrechung der Baumaßnahme müsste dieser zeitabhängige Wert vergütet werden,
- die Verhandlungen mit Nachunternehmern, die nicht mehr zum Einsatz kämen und eventuell schon Material eingekauft haben: hier entstünden Rücknahmekosten beim Lieferanten.

Die o. a. Beispiele hätten eindeutig Kosten verursacht und müssen vergütet werden, da sie erbracht sind.

2.1.2 § 3 Ausführungsunterlagen

(1) Übergabe der Ausführungsunterlagen: rechtzeitig und unentgeltlich

Der AN benötigt die Ausführungsunterlagen, z. B. Schal- und Bewehrungspläne, Werkpläne etc. mit einem zeitlichen Vorlauf, der ihm ermöglicht, die Materialien einzukaufen und liefern zu lassen. Bei Bewehrungsplänen geht man nach üblicher Rechtsprechung davon aus, dass der Vorlauf mindestens 10 Werktage betragen muss. Es müssen die Bewehrungen nach Stab- und Mattenstahl sortiert eingekauft, gebogen und auf die Baustelle geliefert werden, um sie zeitnah verlegen zu können. Die Schalung muss geliefert und montiert werden, wobei von besonderer

Bedeutung ist, dass möglichst wenig Menge an Schalung auf der Baustelle vorhanden ist und diese geringe Menge möglichst häufig und ohne Zwischenlagerung eingesetzt werden können muss. Nur bei rechtzeitiger Übergabe der Ausführungspläne ist dann ein wirtschaftliches Arbeiten bei geringster Menge an Schalung möglich.

§ 3 (2) Abstecken der Hauptachsen und Übergabe der Höhenfestpunkte

Dem AN müssen die Hauptachsen vor Ort in der Art übergeben werden, dass er sie jederzeit nachträglich auf der Baustelle wiederherstellen kann. Dies geschieht üblicherweise durch Absichern von Achspunkten außerhalb der Baugrube, z. B. durch Markierung im Bordstein oder an festen Grenzmauern oder dergleichen. Auch nach Herstellung der Baugrube müssen die Achsen zur Festlegung der Außenkante der Sohlplatte leicht zu reproduzieren sein. Die Höhenfestpunkte werden ebenfalls an festen Bauteilen benachbarter Zäune, Trafo-Häuschen oder Schachtdeckeln mit der Angabe zur geodätischen Höhe übergeben. Die geodätische Höhe stellt für alle Ausführungspläne die Referenzhöhe für die jeweiligen Bauteile dar, da z. B. OKFF EG (OberKante FertigFußboden ErdGeschoss) im Werkplan des Architekten den direkten Bezug zur Umgebung sichert: die herzustellende Höhe wird durch den Bezug zur geodätischen Höhe auf dem Plan vermerkt. Üblicherweise erfolgt die Übergabe der Achsen und Höhenpunkte durch den Vermessungsingenieur, der auch die spätere Einmesssung des fertigen Gebäudes vornimmt.

§ 3 (4) Zustand der Straßen und Geländeoberfläche

Im Zuge der Baumaßnahme wird das Baugrundstück mit schwerem Gerät (Bagger, LKW) befahren, das auf öffentlichen Straßen vom Tieflader gefahren wird und sich dann auf eigenen Ketten über Gehwege oder dergleichen bewegt. Dadurch kann es zu erheblichen Beschädigungen an den Bordsteinkanten oder Belägen kommen. Bei Verbaumaßnahmen kann es zu erheblichen Erschütterungen beim Setzen von Spundwänden oder dem Bohren der Träger zum Bohlträgerverbau kommen. Beim Unterfahren benachbarter Bausubstanz kann es zu Setzungen kommen, die sich in Rissen zeigen. Auch bei einer eventuell erforderlichen Absenkung des Grundwasserspiegels kann es bei der Einleitung von Grundwasser in einen benachbarten Vorfluter (Straßenkanal, Graben) zu Beschädigungen der Rohrleitungen oder Böschungskanten kommen. Der AG ist dann gut beraten vor Beginn jeglicher Bautätigkeiten, also bereits vor Beginn der Baustelleneinrichtung, den Zustand der Straßen, der Geländeoberfläche, der Vorfluter und der vorhandenen Bausubstanz zu dokumentieren. Dies erfolgt üblicherweise durch Besichtigung und Protokollieren des vorhandenen Zustandes durch einen öffentlich bestellten und vereidigten Sachverständigen, da bei späteren Streitigkeiten dieses Protokoll mit einer hohen Beweiskraft bei Gericht eingereicht werden könnte. Streitigkeiten entstehen dadurch, dass der Bauunternehmer versucht, als eventueller Verursacher eines entstandenen Schadens die Haftung für Reparaturkosten abzulehnen. Der AG kann aber mit einem Protokoll vor Beginn der Baumaßnahme genau nachweisen, welche Schäden im Zuge der Baumaßnahme entstanden sind und welche Schäden bereits vorhanden waren. Eine extrem hohe Beweiskraft haben Bilder des Zustandes vor Beginn der Baumaßnahme, die mit eingeblendetem Datum zu erstellen wären.

2.1.3 § 4 Ausführung

(1) 1. Koordination der verschiedenen Unternehmer

Bei der Erstellung eines Wohn-/Büro-Gebäudes arbeiten ca. 20 bis 25 unterschiedliche Gewerke, vom Erdbauer über den Dachdecker bis zum Küchenbauer, die zeitlich und im Arbeitsablauf aufeinander abgestimmt werden müssen. Diese Koordination muss vom AG vorgenommen werden, der sich üblicherweise eines Bauleiters bedient, der gemäß HOAI (Honorarordnung für Architekten und Ingenieure) mit der Leistungsphase 8 (Bauüberwachung) beauftragt ist. Aus rechtlicher Sicht gehört dann dieser Bauleiter zur Sphäre des AG, da er von ihm bestellt und bezahlt wird. Die einzelnen Unternehmer verlassen sich darauf, dass der AG einen genauen Bauzeitenplan erstellt und während der Baumaßnahme pflegt, nach dem die jeweiligen Gewerke eingetaktet sind und ihre Leistungen auf der Baustelle in sinnhafter Reihenfolge erbringen.

1. Herbeiführen der öffentlich-rechtlichen Genehmigungen

Nur bei Vorlage der Baugenehmigung darf mit den Arbeiten auf der Baustelle begonnen werden. Dabei kann es sich aber auch um Fällgenehmigungen für Bäume, Genehmigungen zur Absenkung des Grundwasserspiegels und Einleitung des Grundwassers in Vorfluter oder um Genehmigungen zum Befahren von Überfahrten oder fremden Grundstücken handeln. Liegen diese Genehmigungen nicht in schriftlicher Form beim AG vor und werden diese nicht dem AN ausgehändigt, darf mit den Bauleistungen nicht begonnen werden. Hat der Bauunternehmer bereits Baugerät auf die Baustelle gefahren, werden so lange Wartestunden berechnet, bis die Genehmigung tatsächlich vorliegt.

§ 4 (4) Überlassung von Lager- und Arbeitsflächen, Zufahrtswegen, Anschlüssen für Wasser und Energie

Bei der Ausführung der Baumaßnahme benötigt jedes Gewerk eine Möglichkeit, Material zu lagern und die Möglichkeit, die Baumaschinen – vom Kran bis zur Bohrmaschine – an das Elektronetz anzuschließen. Außerdem muss die Baustelle ausreichend beheizt und beleuchtet sein, die gewerblichen Arbeitnehmer benötigen Wasser zum Waschen oder zur Verarbeitung von Baustoffen. Der AG hat dafür zu sorgen, dass Lagerflächen vorhanden sind, die Zufahrtswege frei und mit schweren Fahrzeugen belastbar sind und Strom und Wasser in ausreichender Menge entnommen werden können. Sollten diese Leistungen durch den AG nicht erbracht werden können, weil z. B. keine Lagerfläche auf der Baustelle vorhanden ist, so hat er den Bieter im Zuge der Kalkulation darauf aufmerksam zu machen, dass keine Lagerfläche zur Verfügung gestellt werden kann. Der Bieter und spätere AN hätte dann also zusätzliche Transporte seiner Materialien in den Einheitspreis einzurechnen. Dieser Hinweis auf z. B. ungenügende Lagerflächen erfolgt üblicherweise in den Vorbemerkungen des Leistungsverzeichnisses des jeweiligen Gewerks. Unterlässt der AG oder der Architekt, der die Leistungsverzeichnisse erstellt, diese Hinweise im Leistungsverzeichnis, wird der AN Mehrkosten für zusätzliche Transporte oder die Bereitstellung eines Stromaggregats in Rechnung stellen.

2.1.4 § 5 Ausführungsfristen

(2) Auskunftspflicht über den jeweiligen Baubeginn

Da der AG die verschiedenen Unternehmer und Gewerke zu koordinieren hat (§ 4 (1) VOB/B), hat er auch festzulegen, wann der AN mit seinen Leistungen zu beginnen hat und wann er sie fertig zu stellen hat. Der voraussichtliche Baubeginn wird üblicherweise durch einen Bauzeitenplan geregelt, der dem AN im Zuge der Auftragserteilung ausgehändigt wird und der üblicherweise Vertragsbestandteil wird. Da sich jedoch der Bauablauf im Zuge der Erstellung der Baumaßnahme ändern kann, kann sich auch der Baubeginn eines jeden Gewerks ändern. Der AN ist dann spätestens 12 Werktage vor Beginn über den voraussichtlichen Baubeginn zu informieren, entweder durch Aushändigung eines überarbeiteten Bauzeitenplans oder durch Brief, Fax oder E-Mail. Ob eventuelle Mehrkosten durch den AN wegen des veränderten Baubeginns berechnet werden könnten, wird z. B. im § 2 (5) VOB/B geregelt, da es sich hier um eine Änderung des Entwurfs handeln kann (s. Kapitel „Vergütung und Nachträge"). Mehrkosten könnten dadurch entstehen, dass der AN keine Kolonnen frei hätte oder zusätzliche gewerbliche Arbeitnehmer einsetzen müsste.

2.1.5 § 12 Abnahme

(1) Abnahme der Bauleistungen innerhalb von 12 Werktagen

Der AN ist für die Ausführung seiner Bauleistung bis zur Abnahme verantwortlich. Er hat dafür zu sorgen, dass keine Beschädigungen seiner Bauleistung (zerkratzte Türen oder Fenster, verbeulte Aufzugskabinen) am Tag der Abnahme vorhanden sind. Er wird möglichst früh die Abnahme beantragen, da mit dem Abnahmetermin die Verantwortung auf den AG übergeht: er hat dann alle abgenommenen Leistungen vor Beschädigung und Diebstahl zu schützen. Die Abnahme hat innerhalb von 12 Werktagen nach Eingang des Abnahmeersuchens des AN zu erfolgen. Erscheint der AG nicht zur Abnahme, gelten die Leistungen nach üblicher Rechtsprechung als abgenommen.

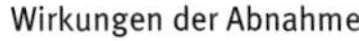

Umkehr der Beweislast und Übergang der Gefahr auf den Bauherrn (Bauherr „nimmt ab“ und ist ab sofort für den Schutz der Bauleistung verantwortlich)

Schlusszahlung wird zur Zahlung fällig (Regelfrist 30 Kalendertage)

Beginn der Verjährungsfrist (Regelfrist 4 Jahre)

Vertragsstrafe nur gültig, wenn bei der Abnahme vorbehalten

Beseitigung der festgestellten Mängel in angemessener Frist

Abb. 1: Wirkungen der Abnahme

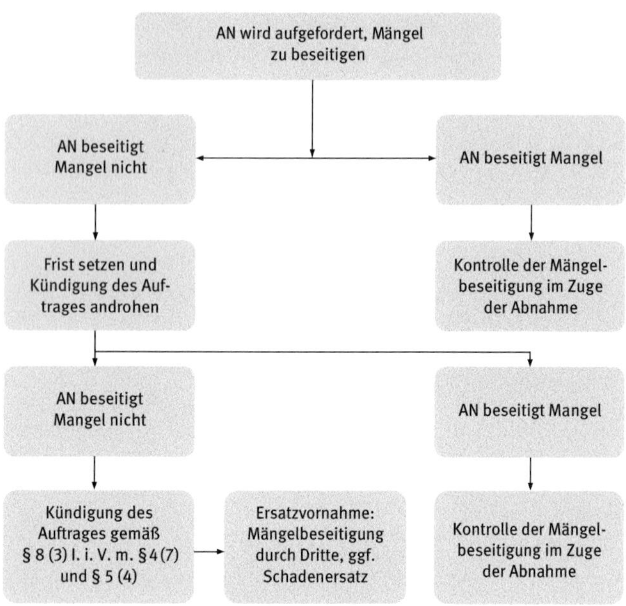

Abb. 2: Mängelbeseitigung bis zur Abnahme

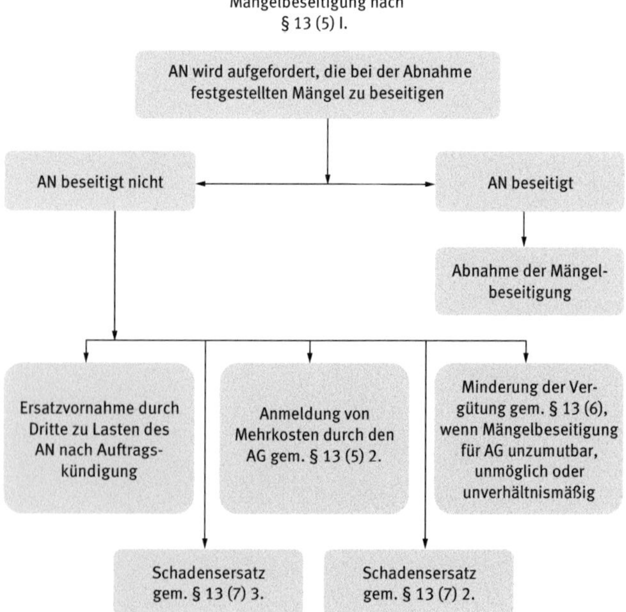

Abb. 3: Mängelbeseitigung nach Abnahme

2.1.6 § 16 Zahlung

(1) Abschlagszahlungen innerhalb von 21 Kalendertagen

Nach Zugang einer prüffähigen Abschlagsrechnung hat der AG die Abschlagszahlung innerhalb von 21 Kalendertagen zu leisten. Die Prüffähigkeit der Rechnung ist dann gegeben, wenn die berechneten Leistungen sinnhaft aufgeführt sind und die Mengen anhand der Ausführungspläne, in seltenen Fällen auch durch Aufmaße vor Ort, nachvollzogen werden können. Üblicherweise dient als Grundlage der Rechnung das Leistungsverzeichnis mit den jeweiligen Positionsnummern. Wenn die Rechnung in dieser Reihenfolge aufgestellt ist und die Mengen auf den Ausführungsplänen z. B. farblich angelegt sind, wird die Rechnung üblicherweise als prüffähig anerkannt. Von dem geprüften Betrag wird der AG einen Anteil von 10 % abziehen, der als Sicherheitseinbehalt dient (§ 17 (6) VOB/B). Dieser Betrag wird nur dann abgezogen, wenn nichts anderes vereinbart wurde oder der AN andere Sicherheiten hinterlegt hat, z. B. durch unbefristete Bankbürgschaften. Abschlagsrechnungen werden branchenüblich immer saldiert gestellt, d. h., es wird die gesamte Leistung berechnet, auch wenn sie in einer vorherigen Rechnung bereits berechnet wurde. Von dem durch den AG geprüften Rechnungsbetrag werden dann die bereits geleisteten Abschlagszahlungen abgezogen. Der Saldo aus berechneter Gesamtleistung und bereits bezahlter Abschlagsrechnungen stellt den Überweisungsbetrag dar.

§ 16 (3) Schlusszahlung innerhalb von 30 Kalendertagen

Nach Eingang der Schlussrechnung, die als solche deutlich gekennzeichnet werden muss, hat der AG die Schlusszahlung im Regelfall innerhalb von 30 Kalendertagen nach Eingang der prüffähigen Schlussrechnung zu leisten. Von dem geprüften Schlussrechnungsbetrag wird der AG die vereinbarte Sicherheitsleistung einbehalten (§ 17 (6) 1. VOB/B), die üblicherweise bei 5 % liegt. Diese einbehaltenen 5 % werden bis zum Ablauf der (vereinbarten) Verjährungsfrist vom AG einbehalten und verzinst. Im Ausnahmefall kann die Schlusszahlung erst nach 60 Kalendertagen fällig werden, jedoch nur, wenn dies ausdrücklich zwischen den Parteien vertraglich vereinbart wurde.

§ 16 (5) Zahlungen sind aufs Äußerste zu beschleunigen

Zahlungen werden üblicherweise per Überweisung geleistet: dies stellt eine schnelle Überweisung dar.

2.2 Pflichten des Auftragnehmers (AN)

2.2.1 § 1 Art und Umfang der Leistung

(1) Ausführung der Bauleistung nach LV etc.

Die Art der auszuführenden Leistungen und die Menge richten sich grundsätzlich nach dem Leistungsverzeichnis, das Vertragsbestandteil wurde. Dies wird in der Reihenfolge der geltenden Unterlagen hier exakt vorgegeben, wobei nach neuester Rechtsprechung die Reihenfolge nicht mehr maßgebend ist. Dennoch bleibt erwartungsgemäß das LV der wichtigste Bestandteil eines Bauvertrages: je genauer die Mengen erfasst sind und die einzelnen Leistungspositionen beschrieben sind, umso genauer wird dem AN vorgegeben, was er zu bauen hat. Oder umgekehrt: je ungenauer das LV erstellt wurde, umso mehr Möglichkeiten zur Anmeldung von Mehrkosten hat der AN (s. Kapitel „Vergütung und Nachträge“). Der AN hat jedoch die Leistungen nach LV auszuführen, wenn diese Leistungen sinnhaft beschrieben sind. Das grundsätzliche Problem bei der Mehrzahl aller Bauvorhaben ist jedoch, dass das Leistungsverzeichnis zu einem Zeitpunkt erstellt wird, an dem es noch keine Ausführungspläne im Maßstab 1:50 gibt. Die Ausschreibung wird dann vorgezogen, um Zeit zu sparen, da die Erstellung der Werkplanung und der Schal- und Bewehrungspläne einen erheblichen Aufwand erfordert. Der ausschreibende AG bedient sich also der Vorplanung oder der Genehmigungsplanung im Maßstab 1:100 und einer noch nicht vollständig durchdachten Auswahl an Materialien, einer noch nicht durchgeführten Bemusterung und eventuell liegen auch noch keine Gutachten zum Baugrund vor. Bei großen Bauvorhaben fehlt auch meist noch der geprüfte Standsicherheitsnachweis, sodass Betonstahlmengen und die Arten von Betonstahl nur grob abgeschätzt werden können. Aus einer mangelhaften Leistungsbeschreibung können sich also erhebliche Mehrkosten ergeben. Der Bieter, dem Ungereimtheiten im LV im Zuge der Kalkulation auffallen, wird sich nur in den seltensten Fällen beim AG melden, weil er sich die Anmeldung von Mehrkosten im Auftragsfall vorbehalten möchte.

§ 1 (3) Ausführung der Leistung bei Änderung durch den AG

Als ganz besondere Branche kann im Bauwesen der Besteller, also der Bauherr oder AG, nach Beauftragung der Bauleistung an den AN die Ausführung ändern und den AN diese Änderungen ausführen lassen. Wenn der Besteller eines Autos nach 3 Monaten die Farbe wechseln wollte, müsste der vorhandene Vertrag storniert werden und ein ganz neuer Vertrag abgeschlossen werden, weil die Änderung der Farbe im Produktionsprozess unmöglich wäre. Änderungen im Bauwesen können sich jedoch auf vielfältige Art ergeben, z. B. durch Änderung des Materials, der Bauzeit, der zukünftigen Nutzung oder nur des Grundrisses.

Der AN wird jede Änderung durch den AG gerne annehmen und bestätigen, da er dann Mehrkosten in teilweise unvorhersehbarer Höhe anmelden kann. Er wird diese Mehrkosten mit dem § 2 (5) VOB/B begründen, nach dem nicht nur die geänderte Position einen neuen Preis erhält, sondern alle Positionen, auf die die Änderung Einfluss hat.

§ 1 (4) Ausführung nicht vereinbarter, aber notwendiger Leistungen

Müssen Leistungen ausgeführt werden, die nicht vereinbart sind, bedeutet dies, dass diese Leistungen im Leistungsverzeichnis überhaupt nicht aufgeführt sind. Das sind Leistungen, die bei Erstellung des LVs vergessen wurden, wie z. B. die Verlegung von Betonstahl, oder Leistungen, die nicht bekannt waren, wie z. B. die Herstellung einer Garage bei einem Wohngebäude. Zusätzliche Leistungen, die an keiner Stelle des LVs aufgeführt werden, werden vom AN üblicherweise gerne ausgeführt, da Mehrkosten grundsätzlich nach den Inhalten des § 2 (6) VOB/B berechnet werden könnten. Es ist zu prüfen, ob die nicht vereinbarte Leistung zur Nutzung des Bauvorhabens notwendig ist, dann müsste sie ausgeführt werden, oder nicht. Wenn also der Betonstahl im LV vergessen wurde, ist diese Leistung unbedingt erforderlich, da das Gebäude sonst nicht standsicher wäre. Auf eine Garage kann üblicherweise verzichtet werden; sie ist zur Nutzung des Wohngebäudes nicht unbedingt erforderlich. Der neue Preis für die nicht vorgesehene Leistung sollte ortsüblich und angemessen sein.

2.2.2 § 3 Ausführungsunterlagen

(3) Überprüfung auf Unstimmigkeiten und Mängel

Das Leistungsverzeichnis dient als Grundlage eines Bauvertrages zur Ausführung von Bauleistungen. Es wird vom AG erstellt bzw. vom Architekten, den der AG beauftragt hat. Der Architekt gehört also **zur Sphäre** des AG. Nach diesem Paragraphen wäre der AN verpflichtet, etwaige Unstimmigkeiten aus dem Leistungsverzeichnis dem AG mitzuteilen, wenn er diese Unstimmigkeiten im Zuge der Kalkulation feststellt. In diesem Fall würde der AG die betreffenden Positionen ändern und vor Angebotsabgabe alle Bieter über die geänderte Position informieren, damit die Angebote vergleichbar blieben. Teilt also ein aufmerksamer Bieter die Unstimmigkeit aus dem LV dem AG nicht mit, kann er einen fast beliebigen Preis bei dieser Position einsetzen, weil die Position in der beschriebenen Weise wohl nicht zur Ausführung gelangen würde. Diese Art der Kalkulation bezeichnet der BGH als „frivol". Es schafft ihm einen Wettbewerbsvorteil, wenn die anderen Bieter diese Unstimmigkeiten nicht bemerken. Es ist somit extrem selten, dass ein Bieter in der Angebotsphase Unstimmigkeiten des LVs mitteilt. Wenn der Auftrag erteilt ist, wird er die Unstimmigkeiten gerne mitteilen, da er dann seinen Angebotspreis nachträglich ändern könnte.

2.2.3 § 4 Ausführung

(1) 3. Befolgung der Anordnungen des AG

Leistungen, die zur Ausführung der Leistung notwendig sind, sind üblicherweise im LV oder dessen Vorbemerkungen beschrieben. Es kann darüber hinaus Anweisungen geben, die vom LV nicht explizit erfasst werden und vom AG gewünscht oder gefordert werden. Wird z. B. vom Sicherheits-/Gesundheitsschutzkoordinator (Sphäre des AG) festgestellt, dass Geländer fehlen oder Helme getragen werden müssen oder die Baustelle aufzuräumen sei, dann wären dies Anordnungen, die befolgt werden müssten. Bei kostenintensiven Forderungen könnten diese Leistungen berechnet werden, wenn sie das Leistungsspektrum des beauftragten LVs überschreiten. Ansonsten wird der AN jeder Anordnung des AG bereitwillig nachkommen, da sie grundsätzlich zur Aufstellung von Mehrforderungen berechtigt.

§ 4 (1) 4. Geltendmachen von Bedenken gegen Anordnungen des AG

Wenn die Anordnungen des AG unberechtigt oder unzweckmäßig wären, wird der AN Bedenken anmelden und eventuelle Mehrkosten ankündigen. Dies passiert üblicherweise durch Aufnahme eines gesonderten Punktes im Protokoll der Baubesprechnungen, da bei dieser Gelegenheit auch üblicherweise die Anordnungen des AG geäußert und dokumentiert werden. Damit ist für eventuelle Nachforderungen des AN schlüssig der Anspruchsgrund dokumentiert.

§ 4 (2) Eigenverantwortliche Ausführung nach Vertrag

Die tatsächliche Ausführung hat der AN nach dem Vertrag, also in erster Linie nach dem LV und seinen Vorbemerkungen auszuführen, wobei der AN dafür verantwortlich ist, dass nicht nur die DIN-Normen eingehalten werden, sondern auch die in der Wichtigkeit darüber stehenden allgemein „anerkannten Regeln der Technik". Diese werden wie folgt definiert:

Anerkannte Regeln der Technik sind technische **Festlegungen**, die von einer Mehrheit repräsentativer Fachleute als Wiedergabe des **Standes der Technik** angesehen werden.

- Alle technischen und handwerklichen Erfahrungen, die im Bauwesen auch nach wissenschaftlichen Kriterien als bekannt und richtig angesehen werden, gelten als a.R.d.T.: Also alle Arten von Bauausführungen, die sich im Laufe vieler Jahrzehnte als sinnhaft, notwendig und praktikabel bewährt haben.

- Die a.R.d.T. sind naturgemäß einem laufenden Wandel unterzogen, da sich Materialien, Bauweisen und Lebensbedingungen und damit die Anforderungen, z. B. an bauphysikalische Randbedingungen, ändern und entwickeln.
- Herstellerrichtlinien sind keine a.R.d.T., da sie nur nach Meinung des Herstellers in der vorgegebenen Weise zu verarbeiten wären. Diese Vorgabe kann aber von der Meinung der Mehrzahl der technischen Sachverständigen abweichen: dann wären sie nicht als grundsätzlich richtig anerkannt.

Die a.R.d.T. gelten somit immer und grundsätzlich, ohne dass es einer besonderen Vereinbarung oder einer vertraglichen Fixierung bedürfte, wie z. B. bei der VOB/B. Diese wird nur dann Vertragsbestandteil, wenn sie auch schlüssig von den Parteien vereinbart wurde. Gemäß § 1 (1) VOB/B gilt bei Vereinbarung der VOB/B die VOB/C und damit sämtliche DIN-Normen, die hier in den ATV aufgeführt sind.

§ 4 (3) Anmeldung von Bedenken gegen die vorgesehene Ausführung

Die vorgesehene Ausführung wird dem AN in der Art mitgeteilt, dass sämtliche Unterlagen zur Ausführung, also LV, Vorbemerkungen, Ausführungszeichnungen, Bauzeitenpläne, Gutachten etc. als Grundlage der Ausführung dienen. Auch gegen die Leistungen anderer Unternehmer sind dann Bedenken anzumelden, wenn diese Leistungen nicht den DIN-Normen oder den a.R.d.T. genügen. Soll z. B. Putz auf ein Mauerwerk aufgebracht werden, der nicht den Oberflächenanforderungen der DIN 18202 Maßtoleranzen im Hochbau entspricht, hätte der Putzer gegen die Leistung der Maurer Bedenken anzumelden. In diesem Fall kann er Mehrkosten aus zusätzliche Leistungen, wie größere Putzdicken oder dergleichen, anmelden und durchsetzen. Sollten sich Unstimmigkeiten aus den Ausführungszeichnungen ergeben, so hätte der AN Bedenken gegen die Planung des Architekten anzumelden, wenn z. B. Abdichtungen falsch geplant wären oder Terminvorgaben aus dem Bauzeitenplan nicht sinnhaft wären.

§ 4 (5) Schutz der eigenen Leistung bis zur Abnahme

Jeder AN wird versuchen, die Abnahme seiner Leistungen so schnell wie möglich zu beantragen und durchführen zu lassen, da er bis zur Stunde der Abnahme für seine Leistungen verantwortlich ist und die ausgeführten Leistungen gegen Beschädigung und Diebstahl schützen muss. Das bedeutet, dass am Tag der Abnahme alle Leistungen unbeschädigt und vollständig übergeben werden müssen, und zwar so, wie es das LV beschreibt. Wenn also ein Unternehmer Fenster eingebaut hat und nach Einbau die Blendrahmen dadurch beschädigt werden, dass der Estrichbauer seine Schläuche zum Einbringen des gepumpten

Estrichs über den Blendrahmen zieht, so wäre der Fensterbauer gegenüber dem AG für diesen Schaden verantwortlich. Der AG wird die beschädigten Fenster nicht abnehmen und den AN Fensterbauer auffordern, die Blendrahmen zu reparieren. Aus diesem Grund wird der Fensterbauer so lang wie möglich, am besten bis zur Abnahme, seine Fenster mit Folie schützen und die Oliven nicht montieren, damit niemand die Fenster öffnen kann. Hat z. B. ein Heizungsbauer die Abnahme beantragt, so muss die Heizungsanlage vollständig funktionsfähig sein: es müssen also auch die Thermostatventile an den Heizkörpern montiert sein. Da diese Ventile gerne und oft auf Baustellen gestohlen werden, werden diese Ventile üblicherweise am Tag der Abnahme raumweise montiert und die fertige Leistung dem AG übergeben. Nach Abnahme der Leistungen wäre also der AG für „seine" Fenster und Heizkörperventile selbst verantwortlich.

§ 4 (8) Ausführung der Leistung im eigenen Betrieb

Durch Beauftragung von Leistungen an einen bestimmten Unternehmer wünscht der AG auch die Ausführung durch diesen beauftragten AN und nicht durch andere Firmen. Es soll mit dieser Pflicht gefordert werden, dass die beauftragten Leistungen im eigenen Betrieb des AN durchgeführt werden und nicht von Nachunternehmern, die der AG nicht kennt und mit denen er eventuell auf anderen Baustellen schon schlechte Erfahrungen gemacht hat. Es soll auch weiterhin verhindert werden, dass der AN weitere Nachunternehmer für eine Leistung beauftragt, für die sein Betrieb nicht eingerichtet ist. Führt also eine Fassadenfirma einen Außenputz aus und lässt die Fensterbänke von einem Metallbaubetrieb montieren, dann wäre das grundsätzlich zulässig, aber der AN müsste dem AG auf Verlangen seinen Nachunternehmer benennen.

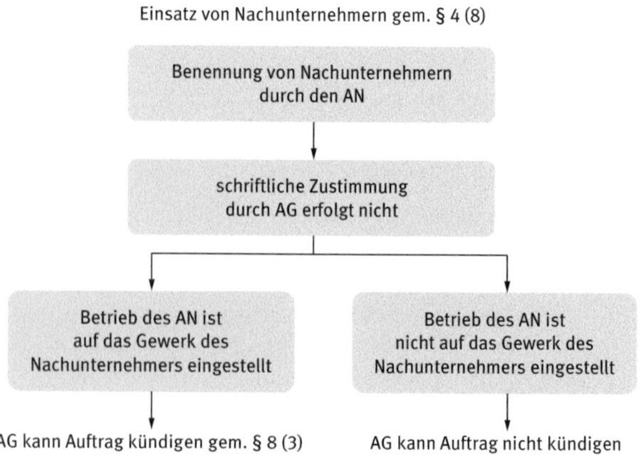

Abb. 4: Einsatz von Nachunternehmern

§ 4 (9) Anzeigen von Funden

Der AN ist verpflichtet, eventuelle Funde oder archäologisch wichtige Werte dem AG mitzuteilen, damit der AG diese Funde sichern kann. Da der Grundstückseigentümer, meistens der AG, das Baugrundstück zur Verfügung und zur Bebauung gestellt hat, wäre er auch für eventuelle Behinderungen oder Verzögerungen im Bauablauf ursächlich verantwortlich, wenn die Bauausführungen durch Dritte unterbrochen werden. Mehrkosten aus gestörtem Bauablauf oder besondere Maßnahmen zur Sicherung der Funde wären somit eindeutig vom AG/Grundstückseigentümer zu tragen.

§ 5 (1) Einhalten von Vertragsfristen

Vertragsfristen werden üblicherweise in der Weise vereinbart, dass dem AN ein Bauzeitenplan bei Vertragsabschluss ausgehändigt wird, aus dem der Baubeginn und die Dauer der Leistungen hervorgehen. Auch textliche Festsetzungen in den Vorbemerkungen zum LV können die Vertragsfristen definieren und legen somit das Bau-Soll fest. Der AN ist also verpflichtet, die Ausführungsfristen einzuhalten, sofern keine vertraglichen Verletzungen oder Veränderungen des Bauablaufs durch den AG vorliegen.

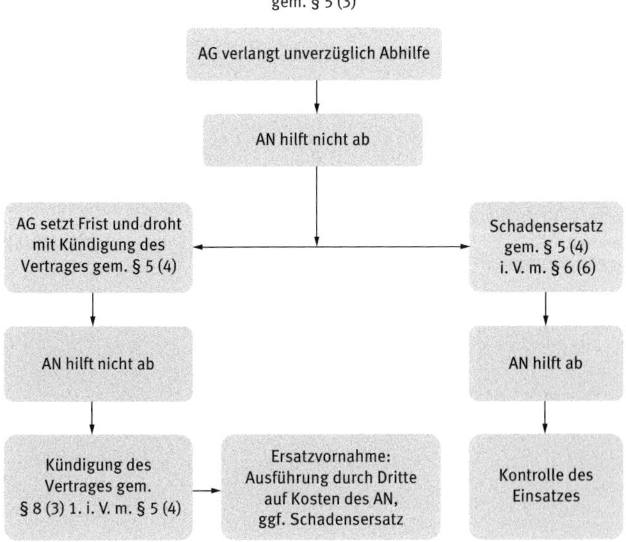

Abb. 5: Unzureichender Einsatz von Arbeitskräften/Geräten/Stoffen

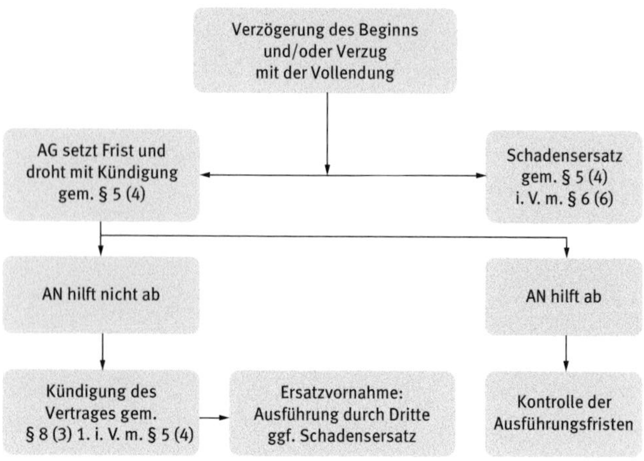

Abb. 6: Überschreitung der Ausführungsfristen

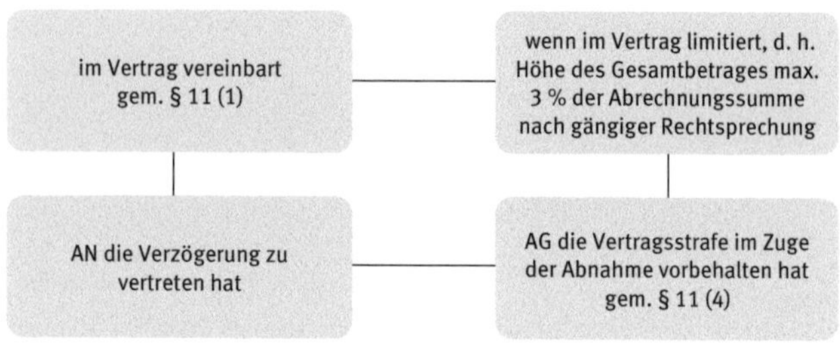

Abb. 7: Vertragsstrafen

§ 6 (1) Anzeige von Behinderungen

Wenn sich der AN in der Ausführung seiner Leistungen behindert glaubt, so hätte er diese Behinderung anzuzeigen. Die Anzeige dieser eventuellen Behinderung erfolgt üblicherweise durch Mitteilung per Fax mit dem Datum der Behinderung, der Uhrzeit und dem Grund der Behinderung. Außerdem sollte auf dieser Behinderungsanzeige vermerkt sein, dass die Behinderung Einfluss auf vertragliche Randbedingungen hat, wie z. B. einer Verlängerung der Bauzeit und grundsätzliche Mehrkosten. Dann kann der AN zu einem späteren Zeitpunkt seine Mehrkosten leichter durchsetzen. Wichtig ist hierbei, dass auch auf dieselbe Art und Weise angezeigt wird, zu welchem Zeitpunkt die Behinderung nicht mehr bestanden hat. Dies definiert in einem späteren Streitfall eine gewissenhafte Baustellenführung des AN und eine präzise

Berechnung von Mehrkosten, weil die Dauer der Behinderung dann eindeutig definiert ist. Der Beginn und das Ende der Behinderungen wurden dann datumsmäßig angezeigt. Der AN wäre also nicht auf Schätzungen angewiesen und könnte seine Mehrkosten substantiiert vortragen. Da der AN bereits Behinderung anmelden kann, wenn er sich behindert „glaubt“, steht nichts dagegen, bei jeder Vermutung der Behinderung diese anzuzeigen. Dieser Umstand führt bei größeren Bauvorhaben und vielen unterschiedlichen Unternehmern zu einer Flut von Behinderungsanzeigen, da der AN gefahr- und folgenlos so viele Behinderungen anmelden kann, wie er vermutet zu haben.

§ 14 (1) Leistungen prüfbar abrechnen

Leistungen werden dann prüfbar abgerechnet, wenn sämtliche Positionsnummern des LV mit den dazugehörigen Mengen und den vereinbarten Einheitspreisen in der Rechnung aufgeführt sind. Die ausgeführten Mengen werden am sichersten durch die Ausführungszeichen belegt, auf denen die ausgeführten Leistungen zur besseren Übersicht farblich angelegt werden sollten, wenn auf dem Ausführungsplan unterschiedliche Leistungen dargestellt sind.

3 Vergütung

3.1 § 2 Vergütung

Die erbrachten Leistungen werden durch die vereinbarten Preise abgegolten, die gemäß LV zur vertraglichen Leistung gehören. Diese Preise beziehen sich direkt auf die Leistungsbeschreibungen der jeweiligen Positionen und die Mengen, die im Zuge der Aufstellung des LV ermittelt wurden. Diese Leistung wird in Leistungsphase 6 HOAI (Honorarordnung für Architekten und Ingenieure) vom Fachingenieur erbracht. Die Leistungsphasen der HOAI sind sinnhaft in der Reihenfolge der zu erbringenden Leistungen nach Planungsfortschritt aufgeführt:

§§ 32 ff. Bewertung der Grundleistungen in v. H. der Honorare

	Gebäude	Freianlagen	raumbildende Ausbauten
1. Grundlagenermittlung Ermitteln der Voraussetzungen zur Lösung der Bauaufgabe durch die Planung	3	3	3
2. Vorplanung (Projekt- und Planungsvorbereitung) Erarbeiten der wesentlichen Teile einer Lösung der Planungsaufgabe	7	10	7
3. Entwurfsplanung (System- und Integrationsplanung) Erarbeiten der endgültigen Lösung der Planungsaufgabe	11	15	14
4. Genehmigungsplanung Erarbeiten und Einreichen der Vorlagen für die erforderlichen Genehmigungen oder Zustimmungen	6	6	2
5. Ausführungsplanung Erarbeiten und Darstellen der ausführungsreifen Planungslösung	25	24	30
6. Vorbereitung der Vergabe Ermitteln der Mengen und Aufstellen von Leistungsverzeichnissen	10	7	7

	Gebäude	Frei-anlagen	raum-bildende Ausbauten
7. Mitwirkung bei der Vergabe Ermitteln der Kosten und Mitwirkung bei der Auftragsvergabe	4	3	3
8. Objektüberwachung (Bauüberwachung) Überwachen der Ausführung des Objekts	31	29	31
9. Objektbetreuung und Dokumentation Überwachen der Beseitigung von Mängeln und Dokumentation des Gesamtergebnisses	3	3	3

Aus dieser Reihenfolge ergibt sich, dass das Ermitteln der Mengen und das Aufstellen von LVs in Leistungsphase 6 nach Vorlage der Ausführungsplanung der Leistungsphase 5 erfolgen. Da aber in Leistungsphase 4 die Unterlagen zum Erhalt der Baugenehmigung eingereicht werden, möchte der Bauherr üblicherweise sofort nach Erhalt der Baugenehmigung mit seinem Bauvorhaben beginnen. Bis zum Beginn der Bauausführung müssen jedoch die Aufträge verhandelt und erteilt sein: dazu benötigt man die ausgepreisten LVs der Bieter. Um Zeit zu sparen, werden also die LVs sehr oft nach der Entwurfsplanung erstellt und die Fertigstellung der Ausführungsplanung der Lph. 5 nicht abgewartet. Nach der Ausführungsplanung könnten die Mengen exakt ermittelt werden und die Leistungen exakt beschrieben werden. Das LV kann auf Grundlage der Entwurfsplanung der Lph. 3 nur eine ungenaue Beschreibung der zu erbringenden Leistungen sein.

Von besonderer Bedeutung ist hier, dass bei der Aufstellung der LVs die grundsätzlichen Randbedingungen der VOB/C zu beachten sind, in der zu jedem Gewerk beschrieben ist, welche Leistungen wie zu beschreiben sind, welche Leistungen Grund- oder Zusatzleistungen sind und wie die Mengen zu ermitteln sind. Besondere Aufmerksamkeit ist der DIN 18299 VOB/C zu widmen, da hier aufgeführt ist, wie ein LV aufzustellen ist und welche Randbedingungen übergreifend über alle Gewerke zu beschreiben sind. Oder andersherum ausgedrückt: wird die VOB/B zwischen den Parteien wirksam vereinbart, so gilt gemäß § 1 (1) VOB/B die VOB/C und damit auch die erste hier aufgeführte DIN, die DIN 18299. Ein AN braucht also bloß das LV daraufhin zu prüfen, ob das LV nach den hier aufgeführten Parametern auch aufgestellt wurde.

Wurden im LV wichtige Bedingungen zur Beschreibung der auszuführenden Leistungen nicht aufgeführt, könnten Mehrkosten aus unvollständiger Leistungsbeschreibung durchgesetzt werden, die zu einem unvollständigen Einheitspreis geführt haben können. Die DIN 18299 dient also als Checkliste für den AN zum leichten Anmelden von nachträglichen Forderungen.

Eventuelle Unstimmigkeiten der vertraglich vereinbarten LVs werden durch den § 2 VOB/B beschrieben und bewertet. Vertraglich vereinbart sind also grundsätzlich

- die Mengen der jeweiligen Positionen,
- die Beschreibung der Leistungspositionen und
- die Einheitspreise.

Einheitspreise enthalten folgende grundsätzliche Bestandteile:

	1.	**Einzelkosten der Teilleistungen**
	1.1.	Lohnkosten Arbeiterlöhne und Aufsichtsgehälter (Polier) Gesetzliche, tarifliche, freiwillige Sozialaufwendungen Lohnnebenkosten
	1.2.	Stoffkosten Baustoffkosten Betriebsstoffkosten Hilfsstoffe
	1.3.	Rüstungs- und Schalmaterial
	1.4.	Gerätekosten
	1.5.	Kosten der Fremdleistungen
+	**2.**	**Baustellengemeinkosten** Zeitunabhängige Kosten Kosten der Baustelleneinrichtung Baustellenausstattung Technische Bearbeitung und Kontrolle Bauwagnisse Sonderkosten
		Zeitabhängige Kosten Vorhaltekosten Betriebskosten Kosten der örtlichen Bauleitung Allgemeine Baukosten
		--
=		Herstellkosten
+	3.	Allgemeine Geschäftskosten
+	4.	Allgemeine Ausführungswagnisse
		--
=		Selbstkosten
+	5.	Gewinn und Unternehmerwagnis
		--

= Angebotssumme ohne Mehrwertsteuer

+ 6. Umsatzsteuer

= Angebotssumme inkl. Mehrwertsteuer

Veränderungen der Bauausführung gegenüber dem vertraglich vereinbarten LV können somit Einfluss auf den Einheitspreis haben und die darin enthaltenen Schlüsselkosten, wie allgemeine Geschäftskosten, Wagnis und Gewinn. Der § 2 VOB/B regelt eventuelle Veränderung nach folgender grober Übersicht:

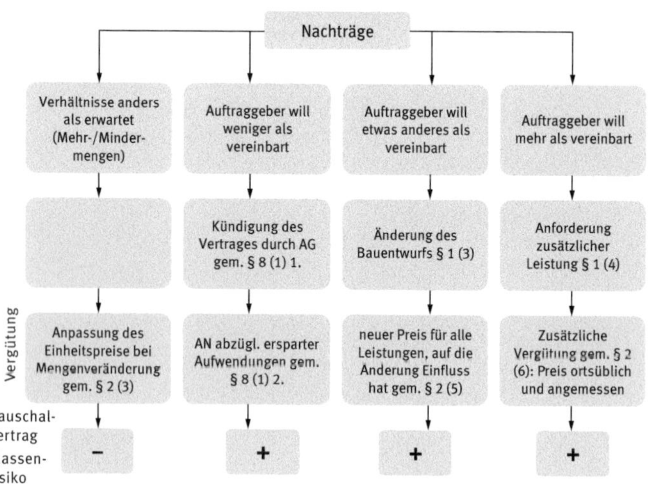

Abb. 8: Nachträge

3.2 § 2 (3) Mengenmehrung/Mengenminderung

Wenn sich die tatsächlich ausgeführten Mengen gegenüber den im LV vereinbarten Mengen ändern, kann dies Auswirkungen auf den Einheitspreis haben:

1. Verringern oder vermehren sich die Mengen um bis zu 10 %, dann bleibt der Einheitspreis unverändert. Dies hat seinen Hintergrund darin, dass die im EP enthaltenen Schlüsselkosten einem Kalkulationsrisiko unterliegen, das in dieser Größenordnung anzunehmen wäre. Also werden diese Kostenanteile nicht verändert und der EP bleibt bestehen.
2. Werden die Mengen um mehr als 10 % überschritten, so ist auf Verlangen einer Partei, ein neuer Preis zu vereinbaren. Dieser neue Preis könnte niedriger liegen, weil der Anteil der Schlüsselkosten wegen der höheren Menge überzahlt wäre: es wür-

den z. B. zuviel allgemeine Geschäftskosten bezahlt werden. Dieser Preis kann aber auch höher liegen, wenn der AN die Mehrmengen z. B. in derselben Zeit verbaut hätte: dies könnte ein Indiz dafür sein, dass er Beschleunigungsmaßnahmen vorgenommen hat. Er könnte z. B. Überstunden bezahlt haben oder zusätzliche Baugeräte eingesetzt haben. Der veränderte Preis gilt jedoch nur für die Menge, die 110 % der Ursprungsmenge überschreitet.

3. Werden die Mengen um mehr als 10 % unterschritten, so wäre der EP zwingend zu erhöhen, weil die Schlüsselkosten nicht ausreichend bezahlt worden wären. Der EP kann also nur steigen, und zwar für die gesamte verbaute Menge. Es ist jedoch zu überprüfen, ob der AN nicht in anderen Positionen einen Ausgleich für den verringerten Kostenanteil der Schlüsselkosten erhält, wenn in anderen Positionen Mehrmengen verbaut worden wären. Dies wird praktisch in der Art gehandhabt, dass alle Positionen eines LV mit ihren Mehr- und Mindermengen abgeglichen werden, um eine Unter- oder Überzahlung der Schlüsselkosten feststellen zu können.

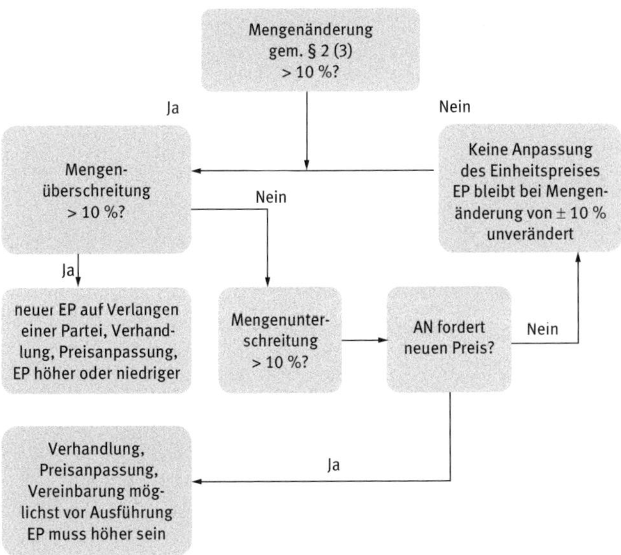

Abb. 9: Mengenänderung

Der § 2 (3) VOB/B kann bei einem Pauschalpreis nicht gelten, da keine Mengen vereinbart wurden.

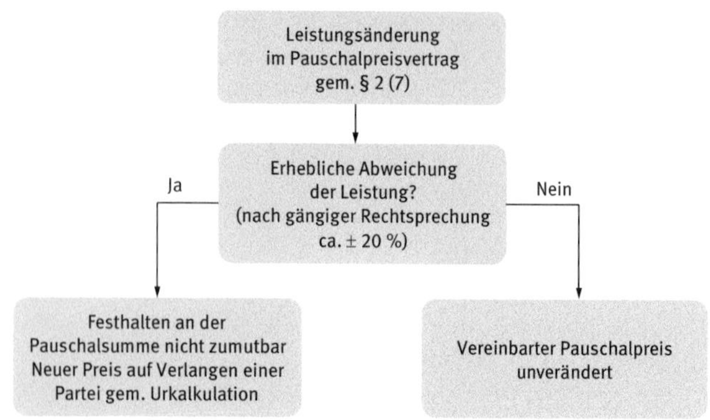

Abb. 10: Mengenänderung im Pauschalpreisvertrag

Beispiel:

LV-Position: 180 m³ Wände C25/30 (€/m³)

Unter der Maßgabe, dass z. B. 180 m³ Betonwände herzustellen wären, ergäbe sich folgende Angebotsstruktur:

*) Legende s. Fußnote	**Lohn €/m³**	**SoKo €/m³**	**Gerät €/m³**	**Summe €/m³**
EKdT	32,50	75,75	12,80	121,05
GKdB	3,50	2,95	1,00	7,45
AGK	2,80	6,10	1,60	10,50
W+G	1,20	2,90	0,60	4,70
EP Angebot	40,00	87,70	16,00	143,70

*) **EKdT**: Einzelkosten der Teilleistungen / **GKdB**: Gemeinkosten der Baustelle / **AKG**: Allgemeine Geschäftskosten / **W+G**: Wagnis + Gewinn / **EP**: Einheitspreis / **GkdB**: Gemeinkosten der Baustelle / **SoKo**: Sonstige Kosten / **EP**: Einheitspreis

Mindermenge:

Es werden tatsächlich nicht 180 m^3 erstellt, sondern nur 100 m^3.

> ausgeführt: 100 m^3 Wände C25/30

*) Legende s. Fußnote S. 48		Preisermittlung	Summe
EP alt	Neue Menge × EP Angebot	100 m^3 × 143,70 €/m^3	14.370,00 €
GKdB	Ungedeckte Anteile	(180 m^3 – 100 m^3) × 7,45 €/m^3	596,00 €
AGK	Ungedeckte Anteile	(180 m^3 – 100 m^3) × 10,50 €/m^3	840,00 €
Wagnis	Geringeres Risiko		0,00 €
Gewinn	Entgangener Gewinn	(180 m^3 – 100 m^3) × 4,70/2 €/m^3	188,00 €
	Summe		**15.994,00 €**
EP neu	Gilt für Gesamtmenge	15.994,00 €/ 100 m^3	**159,94 €**
	Der Preis pro m^3 Betonwand erhöht sich also von 143,70 €/m^3 auf 159,94 €/m^3, da Anteile aus den GKdB, den AKG und aus Gewinn nicht gedeckt bzw. erreicht werden (s. VOB/B § 2 (3))		

Mehrmenge:

Es werden tatsächlich mehr Wände gebaut als vorgesehen.

> ausgeführt 250 m³ Wände C25/30

*) Legende s. Fußnote S. 48		Menge/ Preisermittlung	Preis/Summe
EP alt	**Neue Menge bis 110 %** (gemäß VOB/B § 2 (3) bleibt der Einheitspreis bei ± 10 % unverändert)	(180 m³ × 110 %) = **198 m³**	**143,70 €/m³** (EP Angebot)
EKdT	Für Menge > 110 % Mehrmenge × EKdT	(250 m³ – 198 m³) = 52 m³ 52 m³ × 121,05 €/m³ =	6.294,60 €
GKdB	Anteile bereits bei 110 % gedeckt		0,00 €
AGK	Für Menge > 110 %	52 m³ × 10,50 €/m³	546,00 €
W+G	Für Menge > 110 %	52 m³ × 4,70 €/m³	244,40 €
	Summe		**7.085,00 €**
EP neu	**Gilt für Menge > 110 % (hier 52 m³)**	**7.085,00 €/52 m³**	**136,25 €/m³**
	Gemäß VOB/B § 2 (3) werden also 198 m³ mit 143,70 €/m³ und 52 m³ mit 136,25 €/m³ vergütet, wenn der AN nicht nachweisen kann, dass er einen Mehraufwand zur Herstellung der 250 m³ hatte, wie z. B. Überstunden aus Beschleunigungsmaßnahmen.		

3.3 § 2 (4) Leistung durch AG

Wenn die vereinbarte Leistung nicht durch den AN ausgeführt werden soll, weil der AG die Leistung selbst ausführt, so steht dem AN grundsätzlich die Vergütung zu, jedoch würden die eingesparten Kosten von der Vergütung abgezogen werden:

*) Legende s. Fußnote S. 48		Preisermittlung	Summe
EP alt	Volle Vergütung	**180 m³ × 143,70 €/m³**	**25.866,00 €**
EKdT	eingespart	180 m³ × 121,05 €/m³	–21.789,00 €

*) Legende s. Fußnote S. 48		**Preisermittlung**	**Summe**
GKdB	Bleibt erhalten		
AGK	Bleibt erhalten		
W	Anteil Wagnis eingespart	180 m³ × 4,70/2 €/m³	–423,00 €

	Vergütungsanspruch Diesen Anspruch hat der AN, da seine Anteile aus GKdB und AGK nicht erwirtschaftet werden konnten, da die Leistung nicht ausgeführt wurde.		**3.654,00 €**

Grundsätzlich gilt jedoch, dass der AG die Leistung nicht selbst ausführt, wenn er die Vertragsleistung kündigt und dann die Leistung an einen anderen Unternehmer vergibt.

3.4 § 2 (5) Änderung des Entwurfs

Gemäß § 1 Ziff. 3 VOB/B kann der AG den Bauentwurf ändern. Unter Entwurf werden sämtliche Inhalte des gedachten Bauvorhabens verstanden, die zum Bauvertrag geführt haben, also

- Grundrisse, Schnitte, Ansichten,
- Leistungsverzeichnisse mit Vorbemerkungen,
- Standsicherheitsnachweise,
- Gutachten zum Baugrund etc.,
- Hinweise zu angedachten Bauumständen, wie Straßensperrungen etc.,
- Bauzeitenpläne etc.

Eine Änderung des Entwurfs kann nur auf Anordnung des AG erfolgen, also auch auf Anordnung seiner Fachingenieure oder z. B. seines Prüfingenieurs etc., da diese der **Sphäre des AG** zuzurechnen sind.

Wenn es aufgrund von Änderungen des Entwurfs Abweichungen des Bauablaufs gibt, so ist grundsätzlich davon auszugehen, dass das ursprünglich geplante Bau-„Soll“ nicht mehr durchgeführt wird. Dies ist erkennbar an dem tatsächlichen Bauverlauf, dem Bau-„Ist“. Wenn also der bauvertraglich geschuldete Sollzustand nicht ausgeführt wird, so ist zu prüfen, ob diese Abweichung auf einer Änderung des Bau-„Solls“ durch den AG beruht.

Das Bau-„Ist“ würde dann vom Bau-„Soll“ abweichen und würde den AN zunächst dazu berechtigen, eine Änderung des/eines/aller vereinbarten Preise(s) zu verlangen.

Von besonderer Bedeutung ist hier, dass nicht ausschließlich der Preis der geänderten Leistung neu berechnet wird, sondern aller Positionen des LV, auf die diese Änderung Einfluss hätte. Der Text der VOB/B lautet hier „*die Grundlagen des Preises für eine im Vertrag vorgesehene Leistung*“, also aller Leistungen des LV.

Änderungen können entstehen durch:

- Änderungen des eigentlichen Entwurfs,
  also z. B. durch Grundrissänderungen, wenn der AG runde Stützen statt eckiger Stützen im Parkgeschoss wünscht. Es wird sich also die Schalung ändern, der Anschluss der Stützenschalung an die Schalung des Unterzugs, die Änderung der Anschlussbewehrungen von Stütze zu Unterzug oder zur Decke etc.
- Änderungen des Materials,
  also z. B. Verlegung von Steinzeugrohren anstatt von PE-Rohren: Es müssen andere Rohre bestellt werden, der Rohrgraben wird mit Kopflöchern hergestellt, da nicht die Muffen aufliegen, sondern das Rohr, der Verlegeaufwand wird größer etc.
- Änderungen der Materialstärken,
  also z. B. Verlegung von Stabstahl statt Mattenstahl. Es entsteht ein höherer Aufwand in der Verlegung vor Ort, die Vorfertigung der flächigen Bewehrung ist geringer und damit der Aufwand vor Ort höher, die Schalung muss länger vorgehalten werden etc.
- Änderung der Bauumstände,
  also z. B. war die Vollsperrung einer Straße zur Herstellung der Straßendecke geplant, wird aber auf halbseitig geändert: dadurch müssen sich die Sattelzüge mit dem bituminösen Mischgut aus dem Verkehr ausfädeln, die Tagesleistung des Straßenfertigers fällt erheblich, eine Ampelanlage muss installiert werden etc.
- Änderung der Bauzeit,
  also Änderungen der Ausführungsfristen, der Arbeitszeiten mit Überstunden zur rechtzeitigen Fertigstellung der Leistung, dem verspäteten Baubeginn für Nachunternehmer, Erhöhung der Lohn- und Materialpreise etc.

*) Legende s. Fußnote S. 48	**Lohn €/m³**	**SoKo €/m³**	**Gerät €/m³**	**Summe €/m³**
EKdT	32,50	75,75	12,80	121,05
GKdB	3,50	2,95	1,00	7,45
AGK	2,80	6,10	1,60	10,50
W+G	1,20	2,90	0,60	4,70
EP Angebot	40,00	87,70	16,00	143,70

*) Legende s. Fußnote S. 48		**Preisermittlung**	**Summe**
EP alt	Volle Vergütung		**143,70 €/m³**
EKdT	Lohnerhöhung Stoffpreis-erhöhung	3 % × 40,00 €/h = 1,20 €/h (bei einem kalkulierten Aufwandswert von 1 h/m³ ergäbe dies einen Wert von 1h/m³ × 1,20 €/h = 1,20 €/m³ 4 % × 87,70 €/m³ = 3,51 €/m³)	1,20 €/m³ 3,51 €/m³
GKdB	Geräte	Längere Vorhaltung	
AGK		Evtl. nach Aufwand	

	Neuer EP		**148,41 €/m³**
	Gilt für die Menge in der Zeit der Verlängerung zzgl. eventueller Kosten aus Gerätevorhaltung oder AGKs		

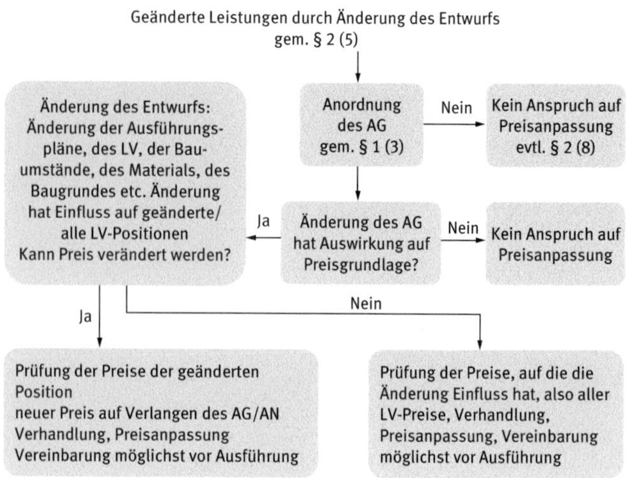

Abb. 11: Geänderte Leistung § 2 (5)

3.5 § 2 (6) Zusatzleistungen

Wenn Leistungen vom AN gefordert werden, die im LV an keiner Stelle beschrieben sind, so handelt es sich um Zusatzleistungen, für die ein neuer EP ermittelt werden muss. Wichtig dabei ist, dass es sich um keine Mehrmengen (§ 2 (3) VOB/B) oder um Änderungen (§ 2 (5) VOB/B) handelt. Der neue Preis soll auf Grundlage der Ursprungskalkulation ermittelt werden, also derselben Grundlage zu den Lohn- und Schlüsselkosten unter Ergänzung der nunmehr neuen Leistung, die nicht im LV enthalten ist.

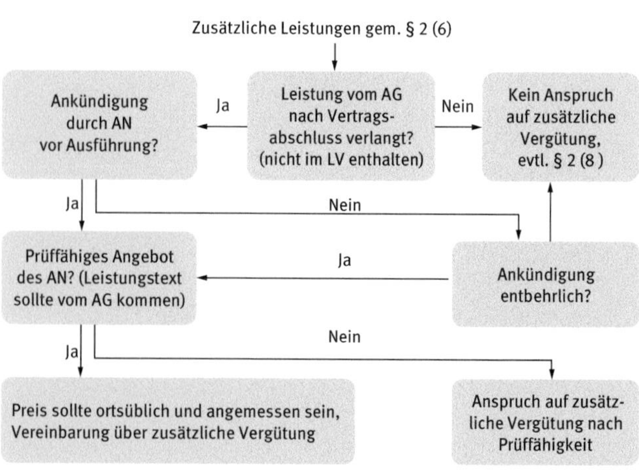

Abb. 12: Zusatzleistungen

3.6 § 2 (7) Änderung der Pauschalsumme

Wenn eine Pauschalsumme für die auszuführende Bauleistung vereinbart ist, so bleibt der Pauschalpreis nur dann unverändert, wenn sich die Mengen nicht erheblich geändert haben. Gemäß üblicher Rechtsprechung kann hier von einer Preisänderung ausgegangen werden, wenn sich die Mengen um mehr als ca. 20 % verändert haben. Dann wäre gemäß § 313 BGB die Geschäftsgrundlage gestört.

3.7 § 2 (8) Leistung ohne Auftrag

Wenn der AN eine Leistung ausführt, ohne dafür einen Auftrag zu haben, so wird diese Leistung nur vergütet, wenn

- der AG die Leistung anerkennt,
- die Leistung zur Ausführung des Vertrages unbedingt notwendig war, wie z. B. dem Einbau von Bewehrung bei einem Stahlbetonbau,
- die Leistung dem mutmaßlichen Willen des AG entsprach und
- die Leistung dem AG unverzüglich angezeigt wurde.

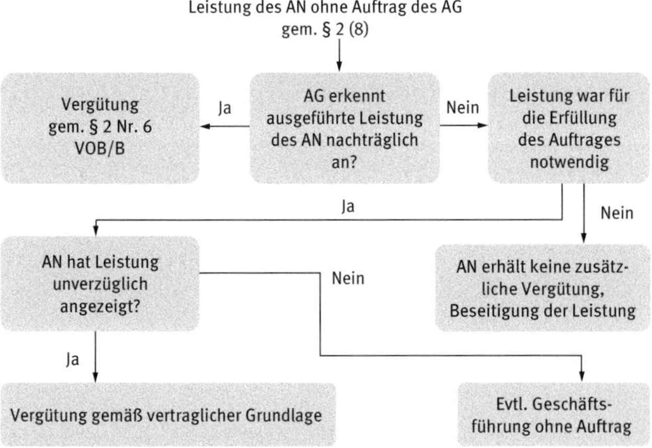

Abb. 13: Leistung des AN ohne Auftrag des AG

3.8 § 2 (9) Technische Bearbeitung

Die technische Bearbeitung des Bauvorhabens wird grundsätzlich vom AG oder seinen beauftragten Fachingenieuren vorgenommen. Wenn er also Leistungen zur technischen Bearbeitung beim AN abfordert, hat der AG diese Leistungen zu vergüten. Da keine Berechnungsart zur Vergütungshöhe angegeben ist, ergibt sich die Höhe der Mehrkosten gemäß § 632 BGB als taxmäßige Vergütung. Die Vergütungshöhe wird demnach abgeschätzt, wobei sich Richtwerte aus den grundsätzlichen Vorgaben der HOAI (Honorarordnung für Architekten und Ingenieure) ergeben könnten.

4 Fristen

Stichwort	Vorgang	Fristen	VOB/B
Abhilfe	Abhilfe bei unzureichender Ausstattung der Baustelle (Arbeitskräfte, Geräte, Gerüste, Stoffe, Bauteile)	unverzüglich auf Verlangen	§ 5 (3)
Abnahme	Abnahmeverpflichtung der Werkleistung nach Fertigstellung, falls nicht anders vereinbart nach	12 Werktagen	§ 12 (1)
Abnahme	Leistung gilt als abgenommen (wenn keine Abnahme verlangt) nach schriftlicher Mitteilung innerhalb von	12 Werktagen	§ 12 (5) 1.
Abnahme	Abnahme durch Inbetriebnahme der Bauleistung, falls keine förmliche Abnahme verlangt wird, nach	6 Werktagen	§ 12 (5) 2.
Abschlagszahlung	Fälligkeit der Abschlagszahlung nach Zugang der prüffähigen Rechnung nach	21 Kalendertagen	§ 16 (1) 2.
Ausführungsbeginn	Beginn der Ausführung nach Aufforderung durch den AG, wenn keine Fristvereinbarung	12 Werktage nach Aufforderung	§ 5 (2)
Bedenken	Schriftliche Mitteilung von Bedenken gegen die vorgesehene Art der Ausführung	unverzüglich; möglichst vor Beginn der Arbeiten	§ 4 (3)

Stichwort	Vorgang	Fristen	VOB/B
Behinderung	Schriftliche Anzeige einer Behinderung der Ausführung	unverzüglich	§ 6 (1)
Behinderung	Inkenntnissetzung des AG bei Wegfall der Behinderung und Wiederaufnahme der Arbeit durch AN	unverzüglich	§ 6 (3)
Kündigung	Aufstellung des AG über entstandene Mehrkosten bei Ausführung durch Dritte nach Kündigung des AN	12 Werktage nach Abrechnung mit Dritten	§ 8 (3) 4.
Kündigung	Wegen Wettbewerbsabreden	12 Werktage nach Bekanntwerden	§ 8 (4)
Schlussrechnung	Einreichung der Schlussrechnung bei Ausführungsfristen bis zu 3 Monaten	12 Werktage nach Fertigstellung	§ 14 (3)
Schlusszahlung	Fälligkeit der Schlusszahlung nach Vorlage einer prüffähigen Rechnung nach	30 Kalendertagen, bei besonderer Vereinbarung 60 Kalendertage	§ 16 (3) 1.
Schlusszahlung	Erklärung des Vorbehalts gegen die Schlusszahlung oder prüfbare Rechnung und Begründung des Vorbehalts	28 Kalendertage und weitere 28 Kalendertage für die Begründung	§ 16 (3) 5.
Sicherheitsleistung durch Einbehalt	Einzahlung einbehaltener Sicherheitsleistungen von 10 % der Abschlagsrechnung	18 Werktage nach Mitteilung des Einbehalts	§ 17 (6) 1.

Stichwort	Vorgang	Fristen	VOB/B
Streitigkeiten bei öffentlichen Aufträgen	Schriftliche Entscheidung durch AG möglichst nach	2 Monate nach Anrufung	§ 18 (2)
Streitigkeiten bei öffentlichen Aufträgen	Einspruchfrist gegen Entscheidung des AG	3 Monate nach Eingang des Bescheides	§ 18 (2)
Stundenlohnabrechnung	Einreichung durch den AN längstens in Abständen von	4 Wochen	§ 15 (4)
Stundenlohnzettel	Rückgabe durch den Auftraggeber spätestens nach	6 Werktage nach Zugang	§ 15 (3)
Unterbrechung	Kündigungsmöglichkeit für AG oder AN, wenn Unterbrechung länger als	3 Monate	§ 6 (7)
Verjährungsfrist	für Bauwerke, wenn nichts anderes vereinbart (kann auf 5 Jahre verlängert werden, ohne dass die Ausgewogenheit der VOB/B verloren geht)	4 Jahre nach Abnahme	§ 13 (4) 1.
Verjährungsfrist	für Bauwerke mit besonderen Anforderungen (Keller, Flachdächer) nach Vereinbarung bis zu	10 Jahre nach Abnahme	Rechtsprechung
Verjährungsfrist	Bei nicht übertragener Wartung von maschinellen und elektrotechnischen bzw. elektronischen Anlagen oder Teilen	2 Jahre nach Abnahme	§ 13 (4) 2.

5 Text VOB/B 2012

VOB/B: Allgemeine Vertragsbedingungen für die Ausführung von Bauleistungen[1)]

§ 1 Art und Umfang der Leistung

(1) Die auszuführende Leistung wird nach Art und Umfang durch den Vertrag bestimmt. Als Bestandteil des Vertrags gelten auch die Allgemeinen Technischen Vertragsbedingungen für Bauleistungen (VOB/C).

(2) Bei Widersprüchen im Vertrag gelten nacheinander:

1. die Leistungsbeschreibung,
2. die Besonderen Vertragsbedingungen,
3. etwaige Zusätzliche Vertragsbedingungen,
4. etwaige Zusätzliche Technische Vertragsbedingungen,
5. die Allgemeinen Technischen Vertragsbedingungen für Bauleistungen,
6. die Allgemeinen Vertragsbedingungen für die Ausführung von Bauleistungen.

(3) Änderungen des Bauentwurfs anzuordnen, bleibt dem Auftraggeber vorbehalten.

(4) Nicht vereinbarte Leistungen, die zur Ausführung der vertraglichen Leistung erforderlich werden, hat der Auftragnehmer auf Verlangen des Auftraggebers mit auszuführen, außer wenn sein Betrieb auf derartige Leistungen nicht eingerichtet ist. Andere Leistungen können dem Auftragnehmer nur mit seiner Zustimmung übertragen werden.

§ 2 Vergütung

(1) Durch die vereinbarten Preise werden alle Leistungen abgegolten, die nach der Leistungsbeschreibung, den Besonderen Vertragsbedingungen, den Zusätzlichen Vertragsbedingungen, den Zusätzlichen Technischen Vertragsbedingungen, den Allgemeinen Technischen Vertragsbedingungen für Bauleistungen und der gewerblichen Verkehrssitte zur vertraglichen Leistung gehören.

---

1) Diese Allgemeinen Geschäftsbedingungen werden durch den DVA ausschließlich zur Anwendung gegenüber Unternehmen, juristischen Personen des öffentlichen Rechts und öffentlich-rechtlichen Sondervermögens empfohlen (§ 310 BGB).

(2) Die Vergütung wird nach den vertraglichen Einheitspreisen und den tatsächlich ausgeführten Leistungen berechnet, wenn keine andere Berechnungsart (z. B. durch Pauschalsumme, nach Stundenlohnsätzen, nach Selbstkosten) vereinbart ist.

(3) 1. Weicht die ausgeführte Menge der unter einem Einheitspreis erfassten Leistung oder Teilleistung um nicht mehr als 10 v. H. von dem im Vertrag vorgesehenen Umfang ab, so gilt der vertragliche Einheitspreis.

2. Für die über 10 v. H. hinausgehende Überschreitung des Mengenansatzes ist auf Verlangen ein neuer Preis unter Berücksichtigung der Mehr- oder Minderkosten zu vereinbaren.

3. Bei einer über 10 v. H. hinausgehenden Unterschreitung des Mengenansatzes ist auf Verlangen der Einheitspreis für die tatsächlich ausgeführte Menge der Leistung oder Teilleistung zu erhöhen, soweit der Auftragnehmer nicht durch Erhöhung der Mengen bei anderen Ordnungszahlen (Positionen) oder in anderer Weise einen Ausgleich erhält. Die Erhöhung des Einheitspreises soll im Wesentlichen dem Mehrbetrag entsprechen, der sich durch Verteilung der Baustelleneinrichtungs-und Baustellengemeinkosten und der Allgemeinen Geschäftskosten auf die verringerte Menge ergibt. Die Umsatzsteuer wird entsprechend dem neuen Preis vergütet.

4. Sind von der unter einem Einheitspreis erfassten Leistung oder Teilleistung andere Leistungen abhängig, für die eine Pauschalsumme vereinbart ist, so kann mit der Änderung des Einheitspreises auch eine angemessene Änderung der Pauschalsumme gefordert werden.

(4) Werden im Vertrag ausbedungene Leistungen des Auftragnehmers vom Auftraggeber selbst übernommen (z. B. Lieferung von Bau-, Bauhilfs- und Betriebsstoffen), so gilt, wenn nichts anderes vereinbart wird, § 8 Absatz 1 Nummer 2 entsprechend.

(5) Werden durch Änderung des Bauentwurfs oder andere Anordnungen des Auftraggebers die Grundlagen des Preises für eine im Vertrag vorgesehene Leistung geändert, so ist ein neuer Preis unter Berücksichtigung der Mehr- oder Minderkosten zu vereinbaren. Die Vereinbarung soll vor der Ausführung getroffen werden.

(6) 1. Wird eine im Vertrag nicht vorgesehene Leistung gefordert, so hat der Auftragnehmer Anspruch auf besondere Vergütung. Er muss jedoch den Anspruch dem Auftrag-

geber ankündigen, bevor er mit der Ausführung der Leistung beginnt.

2. Die Vergütung bestimmt sich nach den Grundlagen der Preisermittlung für die vertragliche Leistung und den besonderen Kosten der geforderten Leistung. Sie ist möglichst vor Beginn der Ausführung zu vereinbaren.

(7) 1. Ist als Vergütung der Leistung eine Pauschalsumme vereinbart, so bleibt die Vergütung unverändert. Weicht jedoch die ausgeführte Leistung von der vertraglich vorgesehenen Leistung so erheblich ab, dass ein Festhalten an der Pauschalsumme nicht zumutbar ist (§ 313 BGB), so ist auf Verlangen ein Ausgleich unter Berücksichtigung der Mehr- oder Minderkosten zu gewähren. Für die Bemessung des Ausgleichs ist von den Grundlagen der Preisermittlung auszugehen.

2. Die Regelungen der Absätze 4, 5 und 6 gelten auch bei Vereinbarung einer Pauschalsumme.

3. Wenn nichts anderes vereinbart ist, gelten die Nummern 1 und 2 auch für Pauschalsummen, die für Teile der Leistung vereinbart sind; Absatz 3 Nummer 4 bleibt unberührt.

(8) 1. Leistungen, die der Auftragnehmer ohne Auftrag oder unter eigenmächtiger Abweichung vom Auftrag ausführt, werden nicht vergütet. Der Auftragnehmer hat sie auf Verlangen innerhalb einer angemessenen Frist zu beseitigen; sonst kann es auf seine Kosten geschehen. Er haftet außerdem für andere Schäden, die dem Auftraggeber hieraus entstehen.

2. Eine Vergütung steht dem Auftragnehmer jedoch zu, wenn der Auftraggeber solche Leistungen nachträglich anerkennt. Eine Vergütung steht ihm auch zu, wenn die Leistungen für die Erfüllung des Vertrags notwendig waren, dem mutmaßlichen Willen des Auftraggebers entsprachen und ihm unverzüglich angezeigt wurden. Soweit dem Auftragnehmer eine Vergütung zusteht, gelten die Berechnungsgrundlagen für geänderte oder zusätzliche Leistungen der Absätze 5 oder 6 entsprechend.

3. Die Vorschriften des BGB über die Geschäftsführung ohne Auftrag (§§ 677 ff. BGB) bleiben unberührt.

(9) 1. Verlangt der Auftraggeber Zeichnungen, Berechnungen oder andere Unterlagen, die der Auftragnehmer nach dem Vertrag, besonders den Technischen Vertragsbedingungen oder der gewerblichen Verkehrssitte, nicht zu beschaffen hat, so hat er sie zu vergüten.

2. Lässt er vom Auftragnehmer nicht aufgestellte technische Berechnungen durch den Auftragnehmer nachprüfen, so hat er die Kosten zu tragen.

(10) Stundenlohnarbeiten werden nur vergütet, wenn sie als solche vor ihrem Beginn ausdrücklich vereinbart worden sind (§ 15).

§ 3
Ausführungsunterlagen

(1) Die für die Ausführung nötigen Unterlagen sind dem Auftragnehmer unentgeltlich und rechtzeitig zu übergeben.

(2) Das Abstecken der Hauptachsen der baulichen Anlagen, ebenso der Grenzen des Geländes, das dem Auftragnehmer zur Verfügung gestellt wird, und das Schaffen der notwendigen Höhenfestpunkte in unmittelbarer Nähe der baulichen Anlagen sind Sache des Auftraggebers.

(3) Die vom Auftraggeber zur Verfügung gestellten Geländeaufnahmen und Absteckungen und die übrigen für die Ausführung übergebenen Unterlagen sind für den Auftragnehmer maßgebend. Jedoch hat er sie, soweit es zur ordnungsgemäßen Vertragserfüllung gehört, auf etwaige Unstimmigkeiten zu überprüfen und den Auftraggeber auf entdeckte oder vermutete Mängel hinzuweisen.

(4) Vor Beginn der Arbeiten ist, soweit notwendig, der Zustand der Straßen und Geländeoberfläche, der Vorfluter und Vorflutleitungen, ferner der baulichen Anlagen im Baubereich in einer Niederschrift festzuhalten, die vom Auftraggeber und Auftragnehmer anzuerkennen ist.

(5) Zeichnungen, Berechnungen, Nachprüfungen von Berechnungen oder andere Unterlagen, die der Auftragnehmer nach dem Vertrag, besonders den Technischen Vertragsbedingungen, oder der gewerblichen Verkehrssitte oder auf besonderes Verlangen des Auftraggebers (§ 2 Absatz 9) zu beschaffen hat, sind dem Auftraggeber nach Aufforderung rechtzeitig vorzulegen.

(6) 1. Die in Absatz 5 genannten Unterlagen dürfen ohne Genehmigung ihres Urhebers nicht veröffentlicht, vervielfältigt, geändert oder für einen anderen als den vereinbarten Zweck benutzt werden.

2. An DV-Programmen hat der Auftraggeber das Recht zur Nutzung mit den vereinbarten Leistungsmerkmalen in unveränderter Form auf den festgelegten Geräten. Der Auftraggeber darf zum Zwecke der Datensicherung zwei Kopien herstellen. Diese müssen alle Identifikationsmerkmale ent-

halten. Der Verbleib der Kopien ist auf Verlangen nachzuweisen.

3. Der Auftragnehmer bleibt unbeschadet des Nutzungsrechts des Auftraggebers zur Nutzung der Unterlagen und der DV-Programme berechtigt.

§ 4
Ausführung

(1) 1. Der Auftraggeber hat für die Aufrechterhaltung der allgemeinen Ordnung auf der Baustelle zu sorgen und das Zusammenwirken der verschiedenen Unternehmer zu regeln. Er hat die erforderlichen öffentlichrechtlichen Genehmigungen und Erlaubnisse — z. B. nach dem Baurecht, dem Straßenverkehrsrecht, dem Wasserrecht, dem Gewerberecht — herbeizuführen.

2. Der Auftraggeber hat das Recht, die vertragsgemäße Ausführung der Leistung zu überwachen. Hierzu hat er Zutritt zu den Arbeitsplätzen, Werkstätten und Lagerräumen, wo die vertragliche Leistung oder Teile von ihr hergestellt oder die hierfür bestimmten Stoffe und Bauteile gelagert werden. Auf Verlangen sind ihm die Werkzeichnungen oder andere Ausführungsunterlagen sowie die Ergebnisse von Güteprüfungen zur Einsicht vorzulegen und die erforderlichen Auskünfte zu erteilen, wenn hierdurch keine Geschäftsgeheimnisse preisgegeben werden. Als Geschäftsgeheimnis bezeichnete Auskünfte und Unterlagen hat er vertraulich zu behandeln.

3. Der Auftraggeber ist befugt, unter Wahrung der dem Auftragnehmer zustehenden Leitung (Absatz 2) Anordnungen zu treffen, die zur vertragsgemäßen Ausführung der Leistung notwendig sind. Die Anordnungen sind grundsätzlich nur dem Auftragnehmer oder seinem für die Leitung der Ausführung bestellten Vertreter zu erteilen, außer wenn Gefahr im Verzug ist. Dem Auftraggeber ist mitzuteilen, wer jeweils als Vertreter des Auftragnehmers für die Leitung der Ausführung bestellt ist.

4. Hält der Auftragnehmer die Anordnungen des Auftraggebers für unberechtigt oder unzweckmäßig, so hat er seine Bedenken geltend zu machen, die Anordnungen jedoch auf Verlangen auszuführen, wenn nicht gesetzliche oder behördliche Bestimmungen entgegenstehen. Wenn dadurch eine ungerechtfertigte Erschwerung verursacht wird, hat der Auftraggeber die Mehrkosten zu tragen.

(2) 1. Der Auftragnehmer hat die Leistung unter eigener Verantwortung nach dem Vertrag auszuführen. Dabei hat er

die anerkannten Regeln der Technik und die gesetzlichen und behördlichen Bestimmungen zu beachten. Es ist seine Sache, die Ausführung seiner vertraglichen Leistung zu leiten und für Ordnung auf seiner Arbeitsstelle zu sorgen.

2. Er ist für die Erfüllung der gesetzlichen, behördlichen und berufsgenossenschaftlichen Verpflichtungen gegenüber seinen Arbeitnehmern allein verantwortlich. Es ist ausschließlich seine Aufgabe, die Vereinbarungen und Maßnahmen zu treffen, die sein Verhältnis zu den Arbeitnehmern regeln.

(3) Hat der Auftragnehmer Bedenken gegen die vorgesehene Art der Ausführung (auch wegen der Sicherung gegen Unfallgefahren), gegen die Güte der vom Auftraggeber gelieferten Stoffe oder Bauteile oder gegen die Leistungen anderer Unternehmer, so hat er sie dem Auftraggeber unverzüglich – möglichst schon vor Beginn der Arbeiten – schriftlich mitzuteilen; der Auftraggeber bleibt jedoch für seine Angaben, Anordnungen oder Lieferungen verantwortlich.

(4) Der Auftraggeber hat, wenn nichts anderes vereinbart ist, dem Auftragnehmer unentgeltlich zur Benutzung oder Mitbenutzung zu überlassen:

1. die notwendigen Lager-und Arbeitsplätze auf der Baustelle,
2. vorhandene Zufahrtswege und Anschlussgleise,
3. vorhandene Anschlüsse für Wasser und Energie. Die Kosten für den Verbrauch und den Messer oder Zähler trägt der Auftragnehmer, mehrere Auftragnehmer tragen sie anteilig.

(5) Der Auftragnehmer hat die von ihm ausgeführten Leistungen und die ihm für die Ausführung übergebenen Gegenstände bis zur Abnahme vor Beschädigung und Diebstahl zu schützen. Auf Verlangen des Auftraggebers hat er sie vor Winterschäden und Grundwasser zu schützen, ferner Schnee und Eis zu beseitigen. Obliegt ihm die Verpflichtung nach Satz 2 nicht schon nach dem Vertrag, so regelt sich die Vergütung nach § 2 Absatz 6.

(6) Stoffe oder Bauteile, die dem Vertrag oder den Proben nicht entsprechen, sind auf Anordnung des Auftraggebers innerhalb einer von ihm bestimmten Frist von der Baustelle zu entfernen. Geschieht es nicht, so können sie auf Kosten des Auftragnehmers entfernt oder für seine Rechnung veräußert werden.

(7) Leistungen, die schon während der Ausführung als mangelhaft oder vertragswidrig erkannt werden, hat der Auftrag-

nehmer auf eigene Kosten durch mangelfreie zu ersetzen. Hat der Auftragnehmer den Mangel oder die Vertragswidrigkeit zu vertreten, so hat er auch den daraus entstehenden Schaden zu ersetzen. Kommt der Auftragnehmer der Pflicht zur Beseitigung des Mangels nicht nach, so kann ihm der Auftraggeber eine angemessene Frist zur Beseitigung des Mangels setzen und erklären, dass er ihm nach fruchtlosem Ablauf der Frist den Auftrag entziehe (§ 8 Absatz 3).

(8) 1. Der Auftragnehmer hat die Leistung im eigenen Betrieb auszuführen. Mit schriftlicher Zustimmung des Auftraggebers darf er sie an Nachunternehmer übertragen. Die Zustimmung ist nicht notwendig bei Leistungen, auf die der Betrieb des Auftragnehmers nicht eingerichtet ist. Erbringt der Auftragnehmer ohne schriftliche Zustimmung des Auftraggebers Leistungen nicht im eigenen Betrieb, obwohl sein Betrieb darauf eingerichtet ist, kann der Auftraggeber ihm eine angemessene Frist zur Aufnahme der Leistung im eigenen Betrieb setzen und erklären, dass er ihm nach fruchtlosem Ablauf der Frist den Auftrag entziehe (§ 8 Absatz 3).

2. Der Auftragnehmer hat bei der Weitervergabe von Bauleistungen an Nachunternehmer die Vergabe- und Vertragsordnung für Bauleistungen Teile B und C zugrunde zu legen.

3. Der Auftragnehmer hat die Nachunternehmer dem Auftraggeber auf Verlangen bekannt zu geben.

(9) Werden bei Ausführung der Leistung auf einem Grundstück Gegenstände von Altertums-, Kunst- oder wissenschaftlichem Wert entdeckt, so hat der Auftragnehmer vor jedem weiteren Aufdecken oder Ändern dem Auftraggeber den Fund anzuzeigen und ihm die Gegenstände nach näherer Weisung abzuliefern. Die Vergütung etwaiger Mehrkosten regelt sich nach § 2 Absatz 6. Die Rechte des Entdeckers (§ 984 BGB) hat der Auftraggeber.

(10) Der Zustand von Teilen der Leistung ist auf Verlangen gemeinsam von Auftraggeber und Auftragnehmer festzustellen, wenn diese Teile der Leistung durch die weitere Ausführung der Prüfung und Feststellung entzogen werden. Das Ergebnis ist schriftlich niederzulegen.

§ 5
Ausführungsfristen

(1) Die Ausführung ist nach den verbindlichen Fristen (Vertragsfristen) zu beginnen, angemessen zu fördern und zu vollenden. In einem Bauzeitenplan enthaltene Einzelfristen gelten nur dann als Vertragsfristen, wenn dies im Vertrag ausdrücklich vereinbart ist.

(2) Ist für den Beginn der Ausführung keine Frist vereinbart, so hat der Auftraggeber dem Auftragnehmer auf Verlangen Auskunft über den voraussichtlichen Beginn zu erteilen. Der Auftragnehmer hat innerhalb von 12 Werktagen nach Aufforderung zu beginnen. Der Beginn der Ausführung ist dem Auftraggeber anzuzeigen.

(3) Wenn Arbeitskräfte, Geräte, Gerüste, Stoffe oder Bauteile so unzureichend sind, dass die Ausführungsfristen offenbar nicht eingehalten werden können, muss der Auftragnehmer auf Verlangen unverzüglich Abhilfe schaffen.

(4) Verzögert der Auftragnehmer den Beginn der Ausführung, gerät er mit der Vollendung in Verzug, oder kommt er der in Absatz 3 erwähnten Verpflichtung nicht nach, so kann der Auftraggeber bei Aufrechterhaltung des Vertrages Schadensersatz nach § 6 Absatz 6 verlangen oder dem Auftragnehmer eine angemessene Frist zur Vertragserfüllung setzen und erklären, dass er ihm nach fruchtlosem Ablauf der Frist den Auftrag entziehe (§ 8 Absatz 3).

§ 6
Behinderung und Unterbrechung der Ausführung

(1) Glaubt sich der Auftragnehmer in der ordnungsgemäßen Ausführung der Leistung behindert, so hat er es dem Auftraggeber unverzüglich schriftlich anzuzeigen. Unterlässt er die Anzeige, so hat er nur dann Anspruch auf Berücksichtigung der hindernden Umstände, wenn dem Auftraggeber offenkundig die Tatsache und deren hindernde Wirkung bekannt waren.

(2) 1. Ausführungsfristen werden verlängert, soweit die Behinderung verursacht ist:

a) durch einen Umstand aus dem Risikobereich des Auftraggebers,

b) durch Streik oder eine von der Berufsvertretung der Arbeitgeber angeordnete Aussperrung im Betrieb des Auftragnehmers oder in einem unmittelbar für ihn arbeitenden Betrieb,

c) durch höhere Gewalt oder andere für den Auftragnehmer unabwendbare Umstände.

2. Witterungseinflüsse während der Ausführungszeit, mit denen bei Abgabe des Angebots normalerweise gerechnet werden musste, gelten nicht als Behinderung.

(3) Der Auftragnehmer hat alles zu tun, was ihm billigerweise zugemutet werden kann, um die Weiterführung der Arbeiten zu ermöglichen. Sobald die hindernden Umstände wegfallen, hat er ohne weiteres und unverzüglich die Arbei-

ten wieder aufzunehmen und den Auftraggeber davon zu benachrichtigen.

(4) Die Fristverlängerung wird berechnet nach der Dauer der Behinderung mit einem Zuschlag für die Wiederaufnahme der Arbeiten und die etwaige Verschiebung in eine ungünstigere Jahreszeit.

(5) Wird die Ausführung für voraussichtlich längere Dauer unterbrochen, ohne dass die Leistung dauernd unmöglich wird, so sind die ausgeführten Leistungen nach den Vertragspreisen abzurechnen und außerdem die Kosten zu vergüten, die dem Auftragnehmer bereits entstanden und in den Vertragspreisen des nicht ausgeführten Teils der Leistung enthalten sind.

(6) Sind die hindernden Umstände von einem Vertragsteil zu vertreten, so hat der andere Teil Anspruch auf Ersatz des nachweislich entstandenen Schadens, des entgangenen Gewinns aber nur bei Vorsatz oder grober Fahrlässigkeit. Im Übrigen bleibt der Anspruch des Auftragnehmers auf angemessene Entschädigung nach § 642 BGB unberührt, sofern die Anzeige nach Absatz 1 Satz 1 erfolgt oder wenn Offenkundigkeit nach Absatz 1 Satz 2 gegeben ist.

(7) Dauert eine Unterbrechung länger als 3 Monate, so kann jeder Teil nach Ablauf dieser Zeit den Vertrag schriftlich kündigen. Die Abrechnung regelt sich nach den Absätzen 5 und 6; wenn der Auftragnehmer die Unterbrechung nicht zu vertreten hat, sind auch die Kosten der Baustellenräumung zu vergüten, soweit sie nicht in der Vergütung für die bereits ausgeführten Leistungen enthalten sind.

§ 7
Verteilung der Gefahr

(1) Wird die ganz oder teilweise ausgeführte Leistung vor der Abnahme durch höhere Gewalt, Krieg, Aufruhr oder andere objektiv unabwendbare vom Auftragnehmer nicht zu vertretende Umstände beschädigt oder zerstört, so hat dieser für die ausgeführten Teile der Leistung die Ansprüche nach § 6 Absatz 5; für andere Schäden besteht keine gegenseitige Ersatzpflicht.

(2) Zu der ganz oder teilweise ausgeführten Leistung gehören alle mit der baulichen Anlage unmittelbar verbundenen, in ihre Substanz eingegangenen Leistungen, unabhängig von deren Fertigstellungsgrad.

(3) Zu der ganz oder teilweise ausgeführten Leistung gehören nicht die noch nicht eingebauten Stoffe und Bauteile sowie die Baustelleneinrichtung und Absteckungen. Zu der ganz

oder teilweise ausgeführten Leistung gehören ebenfalls nicht Hilfskonstruktionen und Gerüste, auch wenn diese als Besondere Leistung oder selbstständig vergeben sind.

§ 8
Kündigung durch den Auftraggeber

(1) 1. Der Auftraggeber kann bis zur Vollendung der Leistung jederzeit den Vertrag kündigen.

2. Dem Auftragnehmer steht die vereinbarte Vergütung zu. Er muss sich jedoch anrechnen lassen, was er infolge der Aufhebung des Vertrags an Kosten erspart oder durch anderweitige Verwendung seiner Arbeitskraft und seines Betriebs erwirbt oder zu erwerben böswillig unterlässt (§ 649 BGB).

(2) 1. Der Auftraggeber kann den Vertrag kündigen, wenn der Auftragnehmer seine Zahlungen einstellt, von ihm oder zulässigerweise vom Auftraggeber oder einem anderen Gläubiger das Insolvenzverfahren (§§ 14 und 15 InsO) beziehungsweise ein vergleichbares gesetzliches Verfahren beantragt ist, ein solches Verfahren eröffnet wird oder dessen Eröffnung mangels Masse abgelehnt wird.

2. Die ausgeführten Leistungen sind nach § 6 Absatz 5 abzurechnen. Der Auftraggeber kann Schadensersatz wegen Nichterfüllung des Restes verlangen.

(3) 1. Der Auftraggeber kann den Vertrag kündigen, wenn in den Fällen des § 4 Absatz 7 und 8 Nummer 1 und des § 5 Absatz 4 die gesetzte Frist fruchtlos abgelaufen ist (Entziehung des Auftrags). Die Entziehung des Auftrags kann auf einen in sich abgeschlossenen Teil der vertraglichen Leistung beschränkt werden.

2. Nach der Entziehung des Auftrags ist der Auftraggeber berechtigt, den noch nicht vollendeten Teil der Leistung zu Lasten des Auftragnehmers durch einen Dritten ausführen zu lassen, doch bleiben seine Ansprüche auf Ersatz des etwa entstehenden weiteren Schadens bestehen. Er ist auch berechtigt, auf die weitere Ausführung zu verzichten und Schadensersatz wegen Nichterfüllung zu verlangen, wenn die Ausführung aus den Gründen, die zur Entziehung des Auftrags geführt haben, für ihn kein Interesse mehr hat.

3. Für die Weiterführung der Arbeiten kann der Auftraggeber Geräte, Gerüste, auf der Baustelle vorhandene andere Einrichtungen und angelieferte Stoffe und Bauteile gegen angemessene Vergütung in Anspruch nehmen.

4. Der Auftraggeber hat dem Auftragnehmer eine Aufstellung über die entstandenen Mehrkosten und über seine

anderen Ansprüche spätestens binnen 12 Werktagen nach Abrechnung mit dem Dritten zuzusenden.

(4) Der Auftraggeber kann den Auftrag entziehen, wenn der Auftragnehmer aus Anlass der Vergabe eine Abrede getroffen hatte, die eine unzulässige Wettbewerbsbeschränkung darstellt. Die Kündigung ist innerhalb von 12 Werktagen nach Bekanntwerden des Kündigungsgrundes auszusprechen. Absatz 3 gilt entsprechend.

(5) Die Kündigung ist schriftlich zu erklären.

(6) Der Auftragnehmer kann Aufmaß und Abnahme der von ihm ausgeführten Leistungen alsbald nach der Kündigung verlangen; er hat unverzüglich eine prüfbare Rechnung über die ausgeführten Leistungen vorzulegen.

(7) Eine wegen Verzugs verwirkte, nach Zeit bemessene Vertragsstrafe kann nur für die Zeit bis zum Tag der Kündigung des Vertrags gefordert werden.

§ 9
Kündigung durch den Auftragnehmer

(1) Der Auftragnehmer kann den Vertrag kündigen:

1. wenn der Auftraggeber eine ihm obliegende Handlung unterlässt und dadurch den Auftragnehmer außerstande setzt, die Leistung auszuführen (Annahmeverzug nach §§ 293 ff. BGB),

2. wenn der Auftraggeber eine fällige Zahlung nicht leistet oder sonst in Schuldnerverzug gerät.

(2) Die Kündigung ist schriftlich zu erklären. Sie ist erst zulässig, wenn der Auftragnehmer dem Auftraggeber ohne Erfolg eine angemessene Frist zur Vertragserfüllung gesetzt und erklärt hat, dass er nach fruchtlosem Ablauf der Frist den Vertrag kündigen werde.

(3) Die bisherigen Leistungen sind nach den Vertragspreisen abzurechnen. Außerdem hat der Auftragnehmer Anspruch auf angemessene Entschädigung nach § 642 BGB; etwaige weitergehende Ansprüche des Auftragnehmers bleiben unberührt.

§ 10
Haftung der Vertragsparteien

(1) Die Vertragsparteien haften einander für eigenes Verschulden sowie für das Verschulden ihrer gesetzlichen Vertreter und der Personen, deren sie sich zur Erfüllung ihrer Verbindlichkeiten bedienen (§§ 276, 278 BGB).

(2) 1. Entsteht einem Dritten im Zusammenhang mit der Leistung ein Schaden, für den auf Grund gesetzlicher Haftpflichtbestimmungen beide Vertragsparteien haften, so gelten für den Ausgleich zwischen den Vertragsparteien die allgemeinen gesetzlichen Bestimmungen, soweit im Einzelfall nichts anderes vereinbart ist. Soweit der Schaden des Dritten nur die Folge einer Maßnahme ist, die der Auftraggeber in dieser Form angeordnet hat, trägt er den Schaden allein, wenn ihn der Auftragnehmer auf die mit der angeordneten Ausführung verbundene Gefahr nach § 4 Absatz 3 hingewiesen hat.

2. Der Auftragnehmer trägt den Schaden allein, soweit er ihn durch Versicherung seiner gesetzlichen Haftpflicht gedeckt hat oder durch eine solche zu tarifmäßigen, nicht auf außergewöhnliche Verhältnisse abgestellten Prämien und Prämienzuschlägen bei einem im Inland zum Geschäftsbetrieb zugelassenen Versicherer hätte decken können.

(3) Ist der Auftragnehmer einem Dritten nach den §§ 823 ff. BGB zu Schadensersatz verpflichtet wegen unbefugten Betretens oder Beschädigung angrenzender Grundstücke, wegen Entnahme oder Auflagerung von Boden oder anderen Gegenständen außerhalb der vom Auftraggeber dazu angewiesenen Flächen oder wegen der Folgen eigenmächtiger Versperrung von Wegen oder Wasserläufen, so trägt er im Verhältnis zum Auftraggeber den Schaden allein.

(4) Für die Verletzung gewerblicher Schutzrechte haftet im Verhältnis der Vertragsparteien zueinander der Auftragnehmer allein, wenn er selbst das geschützte Verfahren oder die Verwendung geschützter Gegenstände angeboten oder wenn der Auftraggeber die Verwendung vorgeschrieben und auf das Schutzrecht hingewiesen hat.

(5) Ist eine Vertragspartei gegenüber der anderen nach den Absätzen 2, 3 oder 4 von der Ausgleichspflicht befreit, so gilt diese Befreiung auch zugunsten ihrer gesetzlichen Vertreter und Erfüllungsgehilfen, wenn sie nicht vorsätzlich oder grob fahrlässig gehandelt haben.

(6) Soweit eine Vertragspartei von dem Dritten für einen Schaden in Anspruch genommen wird, den nach den Absätzen 2, 3 oder 4 die andere Vertragspartei zu tragen hat, kann sie verlangen, dass ihre Vertragspartei sie von der Verbindlichkeit gegenüber dem Dritten befreit. Sie darf den Anspruch des Dritten nicht anerkennen oder befriedigen, ohne der anderen Vertragspartei vorher Gelegenheit zur Äußerung gegeben zu haben.

§ 11
Vertragsstrafe

(1) Wenn Vertragsstrafen vereinbart sind, gelten die §§ 339 bis 345 BGB.

(2) Ist die Vertragsstrafe für den Fall vereinbart, dass der Auftragnehmer nicht in der vorgesehenen Frist erfüllt, so wird sie fällig, wenn der Auftragnehmer in Verzug gerät.

(3) Ist die Vertragsstrafe nach Tagen bemessen, so zählen nur Werktage; ist sie nach Wochen bemessen, so wird jeder Werktag angefangener Wochen als 1/6 Woche gerechnet.

(4) Hat der Auftraggeber die Leistung abgenommen, so kann er die Strafe nur verlangen, wenn er dies bei der Abnahme vorbehalten hat.

§ 12
Abnahme

(1) Verlangt der Auftragnehmer nach der Fertigstellung – gegebenenfalls auch vor Ablauf der vereinbarten Ausführungsfrist – die Abnahme der Leistung, so hat sie der Auftraggeber binnen 12 Werktagen durchzuführen; eine andere Frist kann vereinbart werden.

(2) Auf Verlangen sind in sich abgeschlossene Teile der Leistung besonders abzunehmen.

(3) Wegen wesentlicher Mängel kann die Abnahme bis zur Beseitigung verweigert werden.

(4) 1. Eine förmliche Abnahme hat stattzufinden, wenn eine Vertragspartei es verlangt. Jede Partei kann auf ihre Kosten einen Sachverständigen zuziehen. Der Befund ist in gemeinsamer Verhandlung schriftlich niederzulegen. In die Niederschrift sind etwaige Vorbehalte wegen bekannter Mängel und wegen Vertragsstrafen aufzunehmen, ebenso etwaige Einwendungen des Auftragnehmers. Jede Partei erhält eine Ausfertigung.

2. Die förmliche Abnahme kann in Abwesenheit des Auftragnehmers stattfinden, wenn der Termin vereinbart war oder der Auftraggeber mit genügender Frist dazu eingeladen hatte. Das Ergebnis der Abnahme ist dem Auftragnehmer alsbald mitzuteilen.

(5) 1. Wird keine Abnahme verlangt, so gilt die Leistung als abgenommen mit Ablauf von 12 Werktagen nach schriftlicher Mitteilung über die Fertigstellung der Leistung.

2. Wird keine Abnahme verlangt und hat der Auftraggeber die Leistung oder einen Teil der Leistung in Benutzung genommen, so gilt die Abnahme nach Ablauf von 6 Werk-

tagen nach Beginn der Benutzung als erfolgt, wenn nichts anderes vereinbart ist. Die Benutzung von Teilen einer baulichen Anlage zur Weiterführung der Arbeiten gilt nicht als Abnahme.

3. Vorbehalte wegen bekannter Mängel oder wegen Vertragsstrafen hat der Auftraggeber spätestens zu den in den Nummern 1 und 2 bezeichneten Zeitpunkten geltend zu machen.

(6) Mit der Abnahme geht die Gefahr auf den Auftraggeber über, soweit er sie nicht schon nach § 7 trägt.

§ 13
Mängelansprüche

(1) Der Auftragnehmer hat dem Auftraggeber seine Leistung zum Zeitpunkt der Abnahme frei von Sachmängeln zu verschaffen. Die Leistung ist zur Zeit der Abnahme frei von Sachmängeln, wenn sie die vereinbarte Beschaffenheit hat und den anerkannten Regeln der Technik entspricht. Ist die Beschaffenheit nicht vereinbart, so ist die Leistung zur Zeit der Abnahme frei von Sachmängeln,

1. wenn sie sich für die nach dem Vertrag vorausgesetzte,

sonst

2. für die gewöhnliche Verwendung eignet und eine Beschaffenheit aufweist, die bei Werken der gleichen Art üblich ist und die der Auftraggeber nach der Art der Leistung erwarten kann.

(2) Bei Leistungen nach Probe gelten die Eigenschaften der Probe als vereinbarte Beschaffenheit, soweit nicht Abweichungen nach der Verkehrssitte als bedeutungslos anzusehen sind. Dies gilt auch für Proben, die erst nach Vertragsabschluss als solche anerkannt sind.

(3) Ist ein Mangel zurückzuführen auf die Leistungsbeschreibung oder auf Anordnungen des Auftraggebers, auf die von diesem gelieferten oder vorgeschriebenen Stoffe oder Bauteile oder die Beschaffenheit der Vorleistung eines anderen Unternehmers, haftet der Auftragnehmer, es sei denn, er hat die ihm nach § 4 Absatz 3 obliegende Mitteilung gemacht.

(4) 1. Ist für Mängelansprüche keine Verjährungsfrist im Vertrag vereinbart, so beträgt sie für Bauwerke 4 Jahre, für andere Werke, deren Erfolg in der Herstellung, Wartung oder Veränderung einer Sache besteht, und für die vom Feuer berührten Teile von Feuerungsanlagen 2 Jahre. Abweichend von Satz 1 beträgt die Verjährungsfrist für feuerberührte und abgasdämmende Teile von industriellen Feuerungsanlagen 1 Jahr.

2. Ist für Teile von maschinellen und elektrotechnischen/elektronischen Anlagen, bei denen die Wartung Einfluss auf Sicherheit und Funktionsfähigkeit hat, nichts anderes vereinbart, beträgt für diese Anlagenteile die Verjährungsfrist für Mängelansprüche abweichend von Nummer 1 zwei Jahre, wenn der Auftraggeber sich dafür entschieden hat, dem Auftragnehmer die Wartung für die Dauer der Verjährungsfrist nicht zu übertragen; dies gilt auch, wenn für weitere Leistungen eine andere Verjährungsfrist vereinbart ist.

3. Die Frist beginnt mit der Abnahme der gesamten Leistung; nur für in sich abgeschlossene Teile der Leistung beginnt sie mit der Teilabnahme (§ 12 Absatz 2).

(5) 1. Der Auftragnehmer ist verpflichtet, alle während der Verjährungsfrist hervortretenden Mängel, die auf vertragswidrige Leistung zurückzuführen sind, auf seine Kosten zu beseitigen, wenn es der Auftraggeber vor Ablauf der Frist schriftlich verlangt. Der Anspruch auf Beseitigung der gerügten Mängel verjährt in 2 Jahren, gerechnet vom Zugang des schriftlichen Verlangens an, jedoch nicht vor Ablauf der Regelfristen nach Absatz 4 oder der an ihrer Stelle vereinbarten Frist. Nach Abnahme der Mängelbeseitigungsleistung beginnt für diese Leistung eine Verjährungsfrist von 2 Jahren neu, die jedoch nicht vor Ablauf der Regelfristen nach Absatz 4 oder der an ihrer Stelle vereinbarten Frist endet.

2. Kommt der Auftragnehmer der Aufforderung zur Mängelbeseitigung in einer vom Auftraggeber gesetzten angemessenen Frist nicht nach, so kann der Auftraggeber die Mängel auf Kosten des Auftragnehmers beseitigen lassen.

(6) Ist die Beseitigung des Mangels für den Auftraggeber unzumutbar oder ist sie unmöglich oder würde sie einen unverhältnismäßig hohen Aufwand erfordern und wird sie deshalb vom Auftragnehmer verweigert, so kann der Auftraggeber durch Erklärung gegenüber dem Auftragnehmer die Vergütung mindern (§ 638 BGB).

(7) 1. Der Auftragnehmer haftet bei schuldhaft verursachten Mängeln für Schäden aus der Verletzung des Lebens, des Körpers oder der Gesundheit.

2. Bei vorsätzlich oder grob fahrlässig verursachten Mängeln haftet er für alle Schäden.

3. Im Übrigen ist dem Auftraggeber der Schaden an der baulichen Anlage zu ersetzen, zu deren Herstellung, Instandhaltung oder Änderung die Leistung dient, wenn ein wesentlicher Mangel vorliegt, der die Gebrauchsfähigkeit erheblich beeinträchtigt und auf ein Verschulden des Auftragnehmers

zurückzuführen ist. Einen darüber hinausgehenden Schaden hat der Auftragnehmer nur dann zu ersetzen,

a) wenn der Mangel auf einem Verstoß gegen die anerkannten Regeln der Technik beruht,

b) wenn der Mangel in dem Fehlen einer vertraglich vereinbarten Beschaffenheit besteht oder

c) soweit der Auftragnehmer den Schaden durch Versicherung seiner gesetzlichen Haftpflicht gedeckt hat oder durch eine solche zu tarifmäßigen, nicht auf außergewöhnliche Verhältnisse abgestellten Prämien und Prämienzuschlägen bei einem im Inland zum Geschäftsbetrieb zugelassenen Versicherer hätte decken können.

4. Abweichend von Absatz 4 gelten die gesetzlichen Verjährungsfristen, soweit sich der Auftragnehmer nach Nummer 3 durch Versicherung geschützt hat oder hätte schützen können oder soweit ein besonderer Versicherungsschutz vereinbart ist.

5. Eine Einschränkung oder Erweiterung der Haftung kann in begründeten Sonderfällen vereinbart werden.

§ 14
Abrechnung

(1) Der Auftragnehmer hat seine Leistungen prüfbar abzurechnen. Er hat die Rechnungen übersichtlich aufzustellen und dabei die Reihenfolge der Posten einzuhalten und die in den Vertragsbestandteilen enthaltenen Bezeichnungen zu verwenden. Die zum Nachweis von Art und Umfang der Leistung erforderlichen Mengenberechnungen, Zeichnungen und andere Belege sind beizufügen. Änderungen und Ergänzungen des Vertrags sind in der Rechnung besonders kenntlich zu machen; sie sind auf Verlangen getrennt abzurechnen.

(2) Die für die Abrechnung notwendigen Feststellungen sind dem Fortgang der Leistung entsprechend möglichst gemeinsam vorzunehmen. Die Abrechnungsbestimmungen in den Technischen Vertragsbedingungen und den anderen Vertragsunterlagen sind zu beachten. Für Leistungen, die bei Weiterführung der Arbeiten nur schwer feststellbar sind, hat der Auftragnehmer rechtzeitig gemeinsame Feststellungen zu beantragen.

(3) Die Schlussrechnung muss bei Leistungen mit einer vertraglichen Ausführungsfrist von höchstens 3 Monaten spätestens 12 Werktage nach Fertigstellung eingereicht werden, wenn nichts anderes vereinbart ist; diese Frist wird um je 6 Werktage für je weitere 3 Monate Ausführungsfrist verlängert.

(4) Reicht der Auftragnehmer eine prüfbare Rechnung nicht ein, obwohl ihm der Auftraggeber dafür eine angemessene Frist gesetzt hat, so kann sie der Auftraggeber selbst auf Kosten des Auftragnehmers aufstellen.

§ 15
Stundenlohnarbeiten

(1) 1. Stundenlohnarbeiten werden nach den vertraglichen Vereinbarungen abgerechnet.

2. Soweit für die Vergütung keine Vereinbarungen getroffen worden sind, gilt die ortsübliche Vergütung. Ist diese nicht zu ermitteln, so werden die Aufwendungen des Auftragnehmers für Lohn-und Gehaltskosten der Baustelle, Lohn-und Gehaltsnebenkosten der Baustelle, Stoffkosten der Baustelle, Kosten der Einrichtungen, Geräte, Maschinen und maschinellen Anlagen der Baustelle, Fracht-, Fuhr- und Ladekosten, Sozialkassenbeiträge und Sonderkosten, die bei wirtschaftlicher Betriebsführung entstehen, mit angemessenen Zuschlägen für Gemeinkosten und Gewinn (einschließlich allgemeinem Unternehmerwagnis) zuzüglich Umsatzsteuer vergütet.

(2) Verlangt der Auftraggeber, dass die Stundenlohnarbeiten durch einen Polier oder eine andere Aufsichtsperson beaufsichtigt werden, oder ist die Aufsicht nach den einschlägigen Unfallverhütungsvorschriften notwendig, so gilt Absatz 1 entsprechend.

(3) Dem Auftraggeber ist die Ausführung von Stundenlohnarbeiten vor Beginn anzuzeigen. Über die geleisteten Arbeitsstunden und den dabei erforderlichen, besonders zu vergütenden Aufwand für den Verbrauch von Stoffen, für Vorhaltung von Einrichtungen, Geräten, Maschinen und maschinellen Anlagen, für Frachten, Fuhr- und Ladeleistungen sowie etwaige Sonderkosten sind, wenn nichts anderes vereinbart ist, je nach der Verkehrssitte werktäglich oder wöchentlich Listen (Stundenlohnzettel) einzureichen. Der Auftraggeber hat die von ihm bescheinigten Stundenlohnzettel unverzüglich, spätestens jedoch innerhalb von 6 Werktagen nach Zugang, zurückzugeben. Dabei kann er Einwendungen auf den Stundenlohnzetteln oder gesondert schriftlich erheben. Nicht fristgemäß zurückgegebene Stundenlohnzettel gelten als anerkannt.

(4) Stundenlohnrechnungen sind alsbald nach Abschluss der Stundenlohnarbeiten, längstens jedoch in Abständen von 4 Wochen, einzureichen. Für die Zahlung gilt § 16.

(5) Wenn Stundenlohnarbeiten zwar vereinbart waren, über den Umfang der Stundenlohnleistungen aber mangels rechtzeitiger Vorlage der Stundenlohnzettel Zweifel bestehen, so kann der Auftraggeber verlangen, dass für die nachweisbar ausgeführten Leistungen eine Vergütung vereinbart wird, die nach Maßgabe von Absatz 1 Nummer 2 für einen wirtschaftlich vertretbaren Aufwand an Arbeitszeit und Verbrauch von Stoffen, für Vorhaltung von Einrichtungen, Geräten, Maschinen und maschinellen Anlagen, für Frachten, Fuhr- und Ladeleistungen sowie etwaige Sonderkosten ermittelt wird.

§ 16
Zahlung

(1) 1. Abschlagszahlungen sind auf Antrag in möglichst kurzen Zeitabständen oder zu den vereinbarten Zeitpunkten zu gewähren, und zwar in Höhe des Wertes der jeweils nachgewiesenen vertragsgemäßen Leistungen einschließlich des ausgewiesenen, darauf entfallenden Umsatzsteuerbetrages. Die Leistungen sind durch eine prüfbare Aufstellung nachzuweisen, die eine rasche und sichere Beurteilung der Leistungen ermöglichen muss. Als Leistungen gelten hierbei auch die für die geforderte Leistung eigens angefertigten und bereitgestellten Bauteile sowie die auf der Baustelle angelieferten Stoffe und Bauteile, wenn dem Auftraggeber nach seiner Wahl das Eigentum an ihnen übertragen ist oder entsprechende Sicherheit gegeben wird.

2. Gegenforderungen können einbehalten werden. Andere Einbehalte sind nur in den im Vertrag und in den gesetzlichen Bestimmungen vorgesehenen Fällen zulässig.

3. Ansprüche auf Abschlagszahlungen werden binnen 21 Tagen nach Zugang der Aufstellung fällig.

4. Die Abschlagszahlungen sind ohne Einfluss auf die Haftung des Auftragnehmers; sie gelten nicht als Abnahme von Teilen der Leistung.

(2) 1. Vorauszahlungen können auch nach Vertragsabschluss vereinbart werden; hierfür ist auf Verlangen des Auftraggebers ausreichende Sicherheit zu leisten. Diese Vorauszahlungen sind, sofern nichts anderes vereinbart wird, mit 3 v. H. über dem Basiszinssatz des § 247 BGB zu verzinsen.

2. Vorauszahlungen sind auf die nächstfälligen Zahlungen anzurechnen, soweit damit Leistungen abzugelten sind, für welche die Vorauszahlungen gewährt worden sind.

(3) 1. Der Anspruch auf Schlusszahlung wird alsbald nach Prüfung und Feststellung fällig, spätestens innerhalb von

30 Tagen nach Zugang der Schlussrechnung. Die Frist verlängert sich auf höchstens 60 Tage, wenn sie aufgrund der besonderen Natur oder Merkmale der Vereinbarung sachlich gerechtfertigt ist und ausdrücklich vereinbart wurde. Werden Einwendungen gegen die Prüfbarkeit unter Angabe der Gründe nicht bis zum Ablauf der jeweiligen Frist erhoben, kann der Auftraggeber sich nicht mehr auf die fehlende Prüfbarkeit berufen. Die Prüfung der Schlussrechnung ist nach Möglichkeit zu beschleunigen. Verzögert sie sich, so ist das unbestrittene Guthaben als Abschlagszahlung sofort zu zahlen.

2. Die vorbehaltlose Annahme der Schlusszahlung schließt Nachforderungen aus, wenn der Auftragnehmer über die Schlusszahlung schriftlich unterrichtet und auf die Ausschlusswirkung hingewiesen wurde.

3. Einer Schlusszahlung steht es gleich, wenn der Auftraggeber unter Hinweis auf geleistete Zahlungen weitere Zahlungen endgültig und schriftlich ablehnt.

4. Auch früher gestellte, aber unerledigte Forderungen werden ausgeschlossen, wenn sie nicht nochmals vorbehalten werden.

5. Ein Vorbehalt ist innerhalb von 28 Tagen nach Zugang der Mitteilung nach den Nummern 2 und 3 über die Schlusszahlung zu erklären. Er wird hinfällig, wenn nicht innerhalb von weiteren 28 Tagen — beginnend am Tag nach Ablauf der in Satz 1 genannten 28 Tage — eine prüfbare Rechnung über die vorbehaltenen Forderungen eingereicht oder, wenn das nicht möglich ist, der Vorbehalt eingehend begründet wird.

6. Die Ausschlussfristen gelten nicht für ein Verlangen nach Richtigstellung der Schlussrechnung und -zahlung wegen Aufmaß-, Rechen- und Übertragungsfehlern.

(4) In sich abgeschlossene Teile der Leistung können nach Teilabnahme ohne Rücksicht auf die Vollendung der übrigen Leistungen endgültig festgestellt und bezahlt werden.

(5) 1. Alle Zahlungen sind aufs Äußerste zu beschleunigen.

2. Nicht vereinbarte Skontoabzüge sind unzulässig.

3. Zahlt der Auftraggeber bei Fälligkeit nicht, so kann ihm der Auftragnehmer eine angemessene Nachfrist setzen. Zahlt er auch innerhalb der Nachfrist nicht, so hat der Auftragnehmer vom Ende der Nachfrist an Anspruch auf Zinsen in Höhe der in § 288 Absatz 2 BGB angegebenen Zinssätze, wenn er nicht einen höheren Verzugsschaden nachweist. Der Auftraggeber kommt jedoch, ohne dass es einer Nachfristsetzung bedarf, spätestens 30 Tage nach Zugang der

Rechnung oder der Aufstellung bei Abschlagszahlungen in Zahlungsverzug, wenn der Auftragnehmer seine vertraglichen und gesetzlichen Verpflichtungen erfüllt und den fälligen Entgeltbetrag nicht rechtzeitig erhalten hat, es sei denn, der Auftraggeber ist für den Zahlungsverzug nicht verantwortlich. Die Frist verlängert sich auf höchstens 60 Tage, wenn sie aufgrund der besonderen Natur oder Merkmale der Vereinbarung sachlich gerechtfertigt ist und ausdrücklich vereinbart wurde.

4. Der Auftragnehmer darf die Arbeiten bei Zahlungsverzug bis zur Zahlung einstellen, sofern eine dem Auftraggeber zuvor gesetzte angemessene Frist erfolglos verstrichen ist.

(6) Der Auftraggeber ist berechtigt, zur Erfüllung seiner Verpflichtungen aus den Absätzen 1 bis 5 Zahlungen an Gläubiger des Auftragnehmers zu leisten, soweit sie an der Ausführung der vertraglichen Leistung des Auftragnehmers aufgrund eines mit diesem abgeschlossenen Dienst- oder Werkvertrags beteiligt sind, wegen Zahlungsverzugs des Auftragnehmers die Fortsetzung ihrer Leistung zu Recht verweigern und die Direktzahlung die Fortsetzung der Leistung sicherstellen soll. Der Auftragnehmer ist verpflichtet, sich auf Verlangen des Auftraggebers innerhalb einer von diesem gesetzten Frist darüber zu erklären, ob und inwieweit er die Forderungen seiner Gläubiger anerkennt; wird diese Erklärung nicht rechtzeitig abgegeben, so gelten die Voraussetzungen für die Direktzahlung als anerkannt.

§ 17
Sicherheitsleistung

(1) 1. Wenn Sicherheitsleistung vereinbart ist, gelten die §§ 232 bis 240 BGB, soweit sich aus den nachstehenden Bestimmungen nichts anderes ergibt.

2. Die Sicherheit dient dazu, die vertragsgemäße Ausführung der Leistung und die Mängelansprüche sicherzustellen.

(2) Wenn im Vertrag nichts anderes vereinbart ist, kann Sicherheit durch Einbehalt oder Hinterlegung von Geld oder durch Bürgschaft eines Kreditinstituts oder Kreditversicherers geleistet werden, sofern das Kreditinstitut oder der Kreditversicherer

1. in der Europäischen Gemeinschaft oder
2. in einem Staat der Vertragsparteien des Abkommens über den Europäischen Wirtschaftsraum oder
3. in einem Staat der Vertragsparteien des WTO-Übereinkommens über das öffentliche Beschaffungswesen

zugelassen ist.

(3) Der Auftragnehmer hat die Wahl unter den verschiedenen Arten der Sicherheit; er kann eine Sicherheit durch eine andere ersetzen.

(4) Bei Sicherheitsleistung durch Bürgschaft ist Voraussetzung, dass der Auftraggeber den Bürgen als tauglich anerkannt hat. Die Bürgschaftserklärung ist schriftlich unter Verzicht auf die Einrede der Vorausklage abzugeben (§ 771 BGB); sie darf nicht auf bestimmte Zeit begrenzt und muss nach Vorschrift des Auftraggebers ausgestellt sein. Der Auftraggeber kann als Sicherheit keine Bürgschaft fordern, die den Bürgen zur Zahlung auf erstes Anfordern verpflichtet.

(5) Wird Sicherheit durch Hinterlegung von Geld geleistet, so hat der Auftragnehmer den Betrag bei einem zu vereinbarenden Geldinstitut auf ein Sperrkonto einzuzahlen, über das beide nur gemeinsam verfügen können („Und-Konto"). Etwaige Zinsen stehen dem Auftragnehmer zu.

(6) 1. Soll der Auftraggeber vereinbarungsgemäß die Sicherheit in Teilbeträgen von seinen Zahlungen einbehalten, so darf er jeweils die Zahlung um höchstens 10 v. H. kürzen, bis die vereinbarte Sicherheitssumme erreicht ist. Sofern Rechnungen ohne Umsatzsteuer gemäß § 13 b UStG gestellt werden, bleibt die Umsatzsteuer bei der Berechnung des Sicherheitseinbehalts unberücksichtigt. Den jeweils einbehaltenen Betrag hat er dem Auftragnehmer mitzuteilen und binnen 18 Werktagen nach dieser Mitteilung auf ein Sperrkonto bei dem vereinbarten Geldinstitut einzuzahlen. Gleichzeitig muss er veranlassen, dass dieses Geldinstitut den Auftragnehmer von der Einzahlung des Sicherheitsbetrags benachrichtigt. Absatz 5 gilt entsprechend.

2. Bei kleineren oder kurzfristigen Aufträgen ist es zulässig, dass der Auftraggeber den einbehaltenen Sicherheitsbetrag erst bei der Schlusszahlung auf ein Sperrkonto einzahlt.

3. Zahlt der Auftraggeber den einbehaltenen Betrag nicht rechtzeitig ein, so kann ihm der Auftragnehmer hierfür eine angemessene Nachfrist setzen. Lässt der Auftraggeber auch diese verstreichen, so kann der Auftragnehmer die sofortige Auszahlung des einbehaltenen Betrags verlangen und braucht dann keine Sicherheit mehr zu leisten.

4. Öffentliche Auftraggeber sind berechtigt, den als Sicherheit einbehaltenen Betrag auf eigenes Verwahrgeldkonto zu nehmen; der Betrag wird nicht verzinst.

(7) Der Auftragnehmer hat die Sicherheit binnen 18 Werktagen nach Vertragsabschluss zu leisten, wenn nichts anderes vereinbart ist. Soweit er diese Verpflichtung nicht erfüllt hat, ist der Auftraggeber berechtigt, vom Guthaben des Auftrag-

nehmers einen Betrag in Höhe der vereinbarten Sicherheit einzubehalten. Im Übrigen gelten die Absätze 5 und 6 außer Nummer 1 Satz 1 entsprechend.

(8) 1. Der Auftraggeber hat eine nicht verwertete Sicherheit für die Vertragserfüllung zum vereinbarten Zeitpunkt, spätestens nach Abnahme und Stellung der Sicherheit für Mängelansprüche zurückzugeben, es sei denn, dass Ansprüche des Auftraggebers, die nicht von der gestellten Sicherheit für Mängelansprüche umfasst sind, noch nicht erfüllt sind. Dann darf er für diese Vertragserfüllungsansprüche einen entsprechenden Teil der Sicherheit zurückhalten.

2. Der Auftraggeber hat eine nicht verwertete Sicherheit für Mängelansprüche nach Ablauf von 2 Jahren zurückzugeben, sofern kein anderer Rückgabezeitpunkt vereinbart worden ist. Soweit jedoch zu diesem Zeitpunkt seine geltend gemachten Ansprüche noch nicht erfüllt sind, darf er einen entsprechenden Teil der Sicherheit zurückhalten.

§ 18
Streitigkeiten

(1) Liegen die Voraussetzungen für eine Gerichtsstandvereinbarung nach § 38 der Zivilprozessordnung vor, richtet sich der Gerichtsstand für Streitigkeiten aus dem Vertrag nach dem Sitz der für die Prozessvertretung des Auftraggebers zuständigen Stelle, wenn nichts anderes vereinbart ist. Sie ist dem Auftragnehmer auf Verlangen mitzuteilen.

(2) 1. Entstehen bei Verträgen mit Behörden Meinungsverschiedenheiten, so soll der Auftragnehmer zunächst die der auftraggebenden Stelle unmittelbar vorgesetzte Stelle anrufen. Diese soll dem Auftragnehmer Gelegenheit zur mündlichen Aussprache geben und ihn möglichst innerhalb von 2 Monaten nach der Anrufung schriftlich bescheiden und dabei auf die Rechtsfolgen des Satzes 3 hinweisen. Die Entscheidung gilt als anerkannt, wenn der Auftragnehmer nicht innerhalb von 3 Monaten nach Eingang des Bescheides schriftlich Einspruch beim Auftraggeber erhebt und dieser ihn auf die Ausschlussfrist hingewiesen hat.

2. Mit dem Eingang des schriftlichen Antrages auf Durchführung eines Verfahrens nach Nummer 1 wird die Verjährung des in diesem Antrag geltend gemachten Anspruchs gehemmt. Wollen Auftraggeber oder Auftragnehmer das Verfahren nicht weiter betreiben, teilen sie dies dem jeweils anderen Teil schriftlich mit. Die Hemmung endet 3 Monate nach Zugang des schriftlichen Bescheides oder der Mitteilung nach Satz 2.

(3) Daneben kann ein Verfahren zur Streitbeilegung vereinbart werden. Die Vereinbarung sollte mit Vertragsabschluss erfolgen.

(4) Bei Meinungsverschiedenheiten über die Eigenschaft von Stoffen und Bauteilen, für die allgemein gültige Prüfungsverfahren bestehen, und über die Zulässigkeit oder Zuverlässigkeit der bei der Prüfung verwendeten Maschinen oder angewendeten Prüfungsverfahren kann jede Vertragspartei nach vorheriger Benachrichtigung der anderen Vertragspartei die materialtechnische Untersuchung durch eine staatliche oder staatlich anerkannte Materialprüfungsstelle vornehmen lassen; deren Feststellungen sind verbindlich. Die Kosten trägt der unterliegende Teil.

(5) Streitfälle berechtigen den Auftragnehmer nicht, die Arbeiten einzustellen.

Literatur

Theißen, Rolf: VOB/B Bauvertragsabwicklung anhand von Musterformularen, Fraunhofer IRB Verlag, Stuttgart, 2011

Vygen, Joussen, Schubert, Lang: Bauverzögerung und Leistungsänderung, Werner Verlag, Köln, 2011